本書係「敦煌文獻系統性保護整理出版工程」項目成果

二〇二一—二〇三五年國家古籍工作規劃重點出版項目

「十四五」國家重點出版物出版規劃項目

國家古籍整理出版專項經費資助項目

中國國家圖書館藏敦煌文獻

中國國家圖書館 編

第七四册

BD01092～BD01108

國家圖書館出版社

DUNHUANG MANUSCRIPTS IN THE NATIONAL LIBRARY OF CHINA

074

BD01092 ~ BD01108

compiled by the

National Library of China

National Library of China Publishing House

顧問

方廣錩　郝春文　榮新江　李際寧

編纂出版

張志清　魏　崇　陳紅彦　殷夢霞　薩仁高娃

謝冬榮　劉　波　林世田　廖生訓

編纂

林世田　薩仁高娃　常蓋心　于　瑞　劉毅超

烏心怡　劉　波　劉炳梅　周升川　劉　婷

程佳羽　沈艷麗　高　雅

編輯

潘　竹　程魯潔　黃　鑫　苗文葉

審稿

孫　彦　耿素麗　宋志英　鄧咏秋

凡例

一　本書刊布中國國家圖書館藏敦煌文獻，以館藏編號爲序編排。

二　館藏編號采用「BD+流水號」格式，如BD00001, BD16579等。背面在編號後加v表示。一個編號包含多件文獻者，編號後分別綴以字母A, B, C等。一件文獻含有多個內容者，以數字-1, -2, -3等標明順序。

三　圖版有縮印或放大處另加說明，尺寸超出本書幅面的以摺葉形式呈現。

四　卷軸裝、梵夾裝、經摺裝等裝幀形制的敦煌文獻，各附外觀圖像。

五　每件文獻依次呈現外觀、正面、背面等。背面僅刊布有文字、圖像或其他要素的圖版，而略去素紙部分，背面圖版同樣以從右到左順序編排。凡有外題者，遵從以上原則。

六　除個別特殊情況外，爲保證閱讀連貫、流暢，圖版儘量通欄呈現。

七　各葉上方附該件文獻全圖，以高亮形式顯示本葉大圖在全卷中的位置。部分長卷文獻全圖衹能分多段呈現時，在上段末以符標示下段接續。卷尾內容不足一葉時，文獻全圖使用該圖卷尾部分，亦以符標示。背面圖版文字與正面文字方向相反時，文獻全圖按原貌顯示，正文翻轉呈現，以便閱讀研究，用符標示。

八　文獻題名大體沿用中國國家圖書館此前所編多部敦煌文獻目錄的考證，部分吸收學界最新研究成果略作調整和完善。文獻題名綜合參考原卷首題、尾題、外題確定，如原卷題名與該文獻正式名稱不同，則采用正式名稱；無題名者，或比定題名，或擬定新名。非漢文文獻在題名前標注語種。有分卷不同等其他情況者，括注於文獻名稱後。

九　本書著録使用通行繁體字，涉及原文中的人名、地名等，必要時保留原字形。

About this publication

1. The documents are presented in shelfmark order.
2. The shelfmarks are in the form BD plus a running number, eg. BD00001, BD16579, &c. If a given shelfmark contains multiple documents, these are distinguished by the letters A, B, C, &c. If a document has multiple contents, they are distinguished by the numbering 1, 2, 3, &c. The verso side of an item is indicated by the letter v.
3. If it has been necessary to reduce or enlarge the size of an illustration, the dimensions are indicated. If the size of an illustration exceeds the size of the book, a folding sheet is used.
4. If the document is a scroll, a folded sutra, or has a stitched binding, a picture of the whole object is provided to show its external appearance.
5. The cover, front, and back of each document are reproduced in sequence. The back of a document is only reproduced if it contains text, illustrations, or other markings, and it is oriented from right to left. If it is blank it is not reproduced.
6. Except in a few special cases, the lines of text are reproduced unbroken to make them coherent and easier to read.
7. An illustration of the complete document is reproduced at the top of each page, and the section where the main illustration appears is highlighted in order to indicate its position. If it has only been possible to reproduce a long scroll in sections, the direction symbol has been used to indicate where one illustration ends and the next one begins. If the end of the scroll occupies less than one page, the direction symbol is used to indicate its position in the illustration of the complete document. If the text on the back of the document has a different orientation from the text on the front, it is reproduced as it is, but is also rotated (indicated with the rotation symbol) so that it can be read easily.
8. The titles of the documents generally conform with those already established by the Library, but in some cases have been amended by drawing on the most recent scholarly research. The titles are derived firstly from the beginning of the text, then from the end of the text, and lastly from the cover. If the title of a document differs from its authoritative form, the authoritative form is used; and if a document has no title, one is either supplied by comparison with similar documents, or a new one is devised. If the document is not in Chinese, its language is indicated before the title. If the number of juan is different from that of the authoritative version, or if there are other irregularities, this is noted.
9. The documents in the book are in traditional Chinese characters. Where the title contains personal or place names, the original characters used for these names are retained.

(Translated by David Helliwell)

第七四册目録

BD01092 妙法蓮華經卷五

（後秦）鳩摩羅什 譯

804.4cm × 26.2cm

常好坐禪在於閑處脩攝其心文殊師利是名初親近
處復次菩薩摩訶薩觀一切法空如實相不顛倒不動
不退不轉如虛空无所有性一切語言道斷不生不起不
起无名无相實无所有无量无邊无㝵无鄣但以
因緣有從顛倒生故說常樂觀如是法相是名菩薩
摩訶薩第二親近處尒時世尊欲重宣此義而說偈言
若有菩薩　於後惡世　无怖畏心　欲說是經
應入行處　及親近處　常離國王　及國王子
大臣官長　凶險戲者　及旃陀羅　外道梵志
亦不親近　增上慢人　貪著小乘　三藏學者
破戒比丘　名字羅漢　及比丘尼　好戲咲者
深著五欲　求現滅度　諸優婆夷　皆勿親近
若是人等　以好心來　到菩薩所　為聞佛道
菩薩則以　无所畏心　不懷希望　而為說法
寡女處女　及諸不男　皆勿親近　以為親厚
亦莫親近　屠兒魁膾　畋獵魚捕　為利殺害

凶險相撲　種種嬉戲　諸婬女等　盡勿親近
莫獨屏處　為女說法　若說法時　无得戲笑
入里乞食　將一比丘　若无比丘　一心念佛
是則名為　菩薩行處　一切諸法　空无所有
无有常住　亦无起滅　是名智者　所親近處
顛倒分別　諸法有无　是實非實　是生非生
在於閑處　在於其心　安住不動　如須弥山
觀一切法　皆无所有　猶如虛空　无有堅固
不生不出　不動不退　常住一相　是名近處
若有比丘　於我滅後　入是行處　及親近處
說斯經時　无有怯弱　菩薩有時　入於淨室
以正憶念　隨義觀法　從禪定起　為諸國王
王子臣民　婆羅門等　開化演暢　說斯經典
其心安隱　无有怯弱　文殊師利　是名菩薩
安住初法　能於後世　說法華經
又文殊師利如來滅後於末法中欲說是經應住
安樂行若口宣說若讀經時不樂說人及經典過

又文殊師利如来滅後於末法中欲說是經應住
安樂行若口宣說若讀經時不樂說人及經典過
亦不輕慢諸餘法師不說他人好惡長短於聲聞
人亦不稱名說其過惡亦不稱名讚歎其美又亦
不生怨嫌之心善脩如是安樂相故諸有聽者不逆
其意有所難問不以小乘法答但以大乘而為解說
令得一切種智尒時世尊欲重宣此義而說偈言

菩薩常樂　安隱說法　於清淨地　而施床坐
以油塗身　澡浴塵穢　著新淨衣　內外俱淨
安處法座　隨問為說　若有比丘　及比丘尼
諸優婆塞　及優婆夷　國王王子　羣臣士民
以微妙義　和顏為說　若有難問　隨義而荅
因緣譬喻　敷演分別　以是方便　皆使發心
漸漸增益　入於佛道　除嬾惰意　及懈怠相
離諸憂惱　慈心說法　晝夜常說　无上道教
以諸因緣　无量譬喻　開示衆生　咸令歡喜

但一心念　說法因緣　願成佛道　令衆亦尒
是則大利　安樂供養　我滅度後　若有比丘
能演說斯　妙法華經　心无嫉恚　諸惱鄣礙
亦无憂愁　及罵詈者　又无怖畏　加刀杖等
亦无擯出　安住忍故　智者如是　善脩其心
能住安樂　如我上說　其人功德　千万億劫
筭數譬喻　說不能盡
又文殊師利菩薩摩訶薩於後末世法欲滅時受
持讀誦斯經典者无懷嫉妬諂誑之心亦勿輕罵
學佛道者求其長短若比丘比丘尼優婆塞優婆
夷求聲聞者求辟支佛者求菩薩道者无得惱
之令其疑悔語其人言汝等去道甚遠終不能
得一切種智所以者何汝是放逸之人於道懈怠故
又亦不應戲論之法有所諍競當於一切衆生起
大悲想於諸如來起慈父想於諸菩薩起大師想
於十方諸大菩薩常應深心恭敬礼拜於一切衆生
平等說法以順法故不多不少乃至深愛法者亦

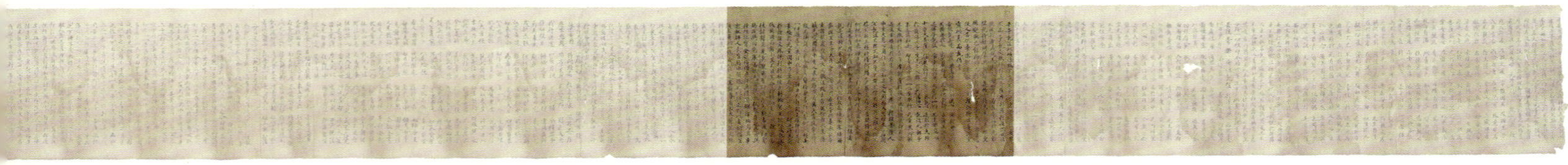

平等說法以順法故不多不少乃至深愛法者亦
不爲多說文殊師利是菩薩摩訶薩於後末世法
欲滅時有成就是第三安樂行者說是法時无能
惱亂得好同學共讀誦是經亦得大衆而來聽受
聽受聽已能持持已能誦誦已能說說已能書若
使人書供養恭敬恭敬尊重讚尒時世尊欲重
宣此義而說偈言
若欲說是經　當捨嫉恚慢　諂誑邪僞心　常脩質直行
不輕蔑於人　亦不戲論法　不令他疑悔　云汝不得佛
是佛子說法　常柔和能忍　慈悲於一切　不生懈怠心
十方大菩薩　愍衆故行道　應生恭敬心　是則我大師
於諸佛世尊　生无上父想　破於憍慢心　說法无鄣㝵
第三法如是　智者應守護　一心安樂行　无量衆所敬
又文殊師利菩薩摩訶薩於後末世法欲滅時有持
是法華經者於在家出家人生大慈心於非菩薩人
中生大悲心應作是念如是之人則爲大失如來方便隨

信不解是經我得阿耨多羅三藐三菩提時隨在
何地以如來神力智慧力引之令得住是法中文殊師
利是菩薩摩訶薩於如來滅後有成就此第四法者
說是法時无有過失常為比丘比丘尼優婆塞優婆
夷國王王子大臣人民婆羅門居士等供養恭敬尊
重讚歎虛空諸天為聽法故亦常隨侍若在聚落
城邑空閑林中有人來欲難問者諸天晝夜常為法
故而衛護之能令聽者皆得歡喜所以者何此經是
一切過去未來現在諸佛神力所護故文殊師利是法
華經於无量國中乃至名字不可得聞何況得見受
持讀誦文殊師利譬如強力轉輪聖王欲以威勢降
伏諸國而諸小王不順其命時轉輪王起種種兵而
往討罰王見兵眾戰有功者即大歡喜隨功賞
賜或與田宅聚落城邑或與衣服嚴身之具或與
種種珍寶金銀琉璃車璖馬瑙珊瑚虎珀象馬車
乘奴婢人民唯髻中明珠不以與之所以者何獨王
頂上有此一珠若以與之王諸眷屬必大驚怪文殊

乘奴婢人民唯髻中明珠不以與之所以者何獨王
頂上有此一珠若以與之王諸眷屬必大驚怪文殊
師利如來亦復如是以禪智智慧力得法國土王於
三界而諸魔王不肯順伏如來賢聖諸將與之共
戰其有功者心亦歡喜於四眾中為說諸經令其心
悅賜以禪定解脫无漏根力諸法之財又復賜與涅
槃之城言得滅度引導其心令皆歡喜而不為說
是法華經文殊師利如轉輪王見諸兵眾有大功
者心甚歡喜以此難信之珠久在髻中不妄與人而今
與之如來亦復如是於三界中為大法王以法化化一
切眾生見賢聖軍與五陰魔煩惱魔死魔共戰
有大功勳滅三毒出三界破魔網尒時如來亦大
歡喜此法華經能令眾生至一切智一切世間多怨
難信先所未說而今說之文殊師利此法華經是諸
如來第一之說於諸說中最為甚深末後賜與如
彼強力之王久護明珠今乃與之文殊師利此法華
經諸佛如來祕密之藏於諸經中最在其上長夜守

時世尊欲重宣此義而說偈言
常行忍辱　哀愍一切　乃能演說　佛所讚經
後末世時　持此經者　於家出家　及非菩薩
應生慈悲　斯等不聞　不信是經　則為大失
我得佛道　以諸方便　為說此經　令住其中
譬如强力　轉輪之王　兵戰有功　賞賜諸物
象馬車乘　嚴身之具　及諸田宅　聚落城邑
或與衣服　種種珍寶　奴婢財物　歡喜賜與
如有勇健　能為難事　王解髻中　明珠賜之
如來亦尒　為諸法王　忍辱大力　智慧寶藏
以大慈悲　如法化世　見一切人　受諸苦惱
欲求解脫　與諸魔戰　為諸衆生　說種種法
以大方便　說此諸經　既知衆生　得其力已
末後乃為　說是法華　如王解髻　明珠與之
此經為尊　衆經中上　我常守護　不妄開示
今正是時　為汝等說　我滅度後　求佛道者

今正是時　為汝等說　我滅度後　求佛道者
欲得安隱　演說斯經　應當親近　如是四法
讀是經者　常无憂惱　又无病痛　顏色鮮白
不生貧窮　卑賤醜陋　衆生樂見　如慕賢聖
天諸童子　以為給使　刀杖不加　毒不能害
若人惡罵　口則閉塞　遊行无畏　如師子王
智慧光明　如日之照　若於夢中　但見妙事
見諸如來　坐師子座　諸比丘衆　圍繞說法
又見龍神　阿脩羅等　數如恒沙　恭敬合掌
自見其身　而為說法　又見諸佛　身相金色
放无量光　照於一切　以梵音聲　演說諸法
佛為四衆　說无上法　見身處中　合掌讚佛
聞法歡喜　而為供養　得陀羅尼　證不退智
佛知其心　深入佛道　即為受記　成最正覺
汝善男子　當於來世　得无量智　佛之大道
國土嚴淨　廣大无比　亦有四衆　合掌聽法

諸佛身金色　百福相莊嚴　聞法為人說　常有是好夢
又夢作国王　捨宮殿眷屬　及上妙五欲　行詣於道場
在菩提樹下　而處師子座　求道過七日　得諸佛之智
成无上道以　起而轉法輪　為四衆說法　經千万億劫
說无漏妙法　度无量衆生　後當入涅槃　如油盡燈滅
若後惡世中　說是第一法　是人得大利　如上諸功德

妙法蓮華經從地踊出品第十五

尔時他方國土諸來菩薩摩訶薩過八万恒河沙數
於大衆中起立合掌作礼而白佛言世尊若聽我等
於佛滅後在此娑婆世界勤加精進護持讀誦書寫
供養是經典者當於此土而廣說之尔時佛告諸
菩薩摩訶薩衆止善男子不須汝等護持此經所
以者何我娑婆世界自有六万恒河沙等菩薩摩
訶薩一一菩薩各有六万恒河沙眷屬是諸人等能於
我滅後護持讀誦廣說此經佛說是時娑婆世界
三千大千國土地皆震裂而於其中有无量千万

三千大千國土地皆震裂而於其中有无量千万
億菩薩摩訶薩同時踊出是諸菩薩身皆金色
三十二相无量光明先盡在此娑婆世界之下此界虛
空中住是諸菩薩聞釋迦牟尼佛所説音聲從下
發來一一菩薩皆是大衆唱導之首各將六万恒河沙
眷屬况將五万四万三万二万一万恒河沙等眷屬者
况復乃至一恒河沙半恒河沙四分之一乃至千万億那
由他分之一况復千万億那由他眷屬况復億万眷屬
况復千万百万乃至一万千一百一至一十况復單五四
三二一弟子者况復單己樂遠離行如是等比
无量无邊筭數譬喻所不能知是諸菩薩從地
出已各詣虛空七寶妙塔多寶如來釋迦牟尼
佛所到已向二世尊頭礼世尊頭面礼足及至諸寶
樹下師子坐上佛所亦皆作礼右遶三匝合掌恭
敬以諸菩薩種種讃法而以讃歎住在一面欣樂瞻
仰於二世尊是諸菩薩摩訶薩從地踊出以諸菩薩

神力故令諸大衆謂如半日尒時四衆亦以佛神力
故見諸菩薩遍滿无量百千万億國土虛空是菩
薩衆中有四導師一名上行二名无邊行三名淨行
四名安立行是四菩薩於其衆中冣爲上首唱道
之師在大衆前各共合掌觀釋迦牟尼佛而問訊
言世尊少病少惱安樂行不所應度者受教易
不不令世尊生疲勞耶尒時四大菩薩而說偈言
世尊安樂　少病少惱　教化衆生　得无疲惓
又諸衆生　受化易不　不令世尊　生疲勞耶
尒時世尊於菩薩大衆中而作是言如是如是諸善男
子如來安樂少病少惱諸衆生等易可化度无有
疲勞所以者何是諸衆生世世已來常受我化亦
於過去諸佛供養恭敬尊重種諸善根此
諸衆生始見我身聞我所說即皆信受入如來慧
除先脩習學小乘者如是之人我今亦令得聞是經

諸衆生始見我身聞我所説即皆信受入如來慧
除先脩習學小乘者如是之人我今亦令得聞是經
入於佛慧　尒時諸大菩薩而説偈言
善哉善哉　大雄世尊　諸衆生等　易可化度
能問諸佛　甚深智慧　聞已信行　我等隨喜
於時世尊讃歎上首諸大菩薩善哉善哉善男
子汝等能於如來發隨喜心尒時弥勒菩薩及八
千恒河沙諸菩薩衆皆作是念我等從昔已來
不見不聞如是大菩薩摩訶薩衆從地踊出住世
尊前合掌供養問訊如來尒時弥勒菩薩摩訶
薩知八千恒河沙諸菩薩衆心之所念并欲自決
所疑合掌向佛以偈問曰
无量千万億　大衆諸菩薩　昔所未曾見　願兩足尊説
是從何所來　以何因緣集　巨身大神通　智慧叵思議
其志念堅固　有大忍辱力　衆生所樂見　爲從何所來
一一諸菩薩　所將諸眷屬　其數无有量　如恒河沙等
[illegible]薩　將六万恒沙　[illegible]諸大衆　一心求佛道

是諸大師等　六万恒河沙　俱來供養佛　及護持是經
將五万恒沙　其數過於是　四万及三万　二万至一万
一千一百等　乃至一恒沙　半及三四分　億万分之一
千万那由他　万億諸弟子　乃至於半億　其數復過上
百万至一万　一千及一百　五十與一十　乃至三二一
單己无眷屬　樂於獨處者　俱來至佛所　其數轉過上
如是諸大眾　若人行籌數　過於恒沙劫　猶不能盡知
是諸大威德　精進菩薩眾　誰為其說法　教化而成就
從誰初發心　稱揚何佛法　受持行誰經　修習何佛道
如是諸菩薩　神通大智力　四方地震裂　皆從地震出
世尊我昔來　未曾見是事　願說其所從　國土之名号
我常遊諸國　未曾見是眾　我於此眾中　乃不識一人
忽然從地出　願說其因緣　今此之大會　无量百千億
是諸菩薩等　皆欲知此事　是諸菩薩眾　本末之因緣
无量德世尊　唯願決眾疑
尒時釋迦牟尼佛分身諸佛從无量千万億他方

尒時釋迦牟尼佛分身諸佛從无量千万億他方
國土來者在於八方諸寶樹下師子座上結跏趺坐其
佛侍者各各見是菩薩大衆於三千大千世界四方從
地踊出住於虛空各白其佛言世尊此諸无量无邊
阿僧祇菩薩大衆從何所來尒時諸佛各告侍者
諸善男子且待須臾有菩薩摩訶薩名曰彌勒釋迦
牟尼佛之所受記次後作佛以問斯事佛今荅之汝
等自當因是得聞尒時釋迦牟尼佛告彌勒菩薩善
哉善哉阿逸多乃能問佛如是大事汝等當共一心
被精進鎧發堅固意如來今欲顯發宣示諸佛智慧
自在神通之力諸佛師子奮迅之力諸佛威猛大勢
之力尒時世尊欲重宣此義而說偈言
當精進一心　我欲說此事　勿得有疑悔　佛智叵思議
汝今出信力　住於忍善中　昔所未聞法　今皆當得聞
我今安慰汝　勿得懷疑懼　佛无不實語　智慧不可量
所得第一法　甚深叵分別　如是今當說　汝等一心聽

從地踊出汝等昔所未見者我於是娑婆世界得阿
耨多羅三藐三菩提已教化示道是諸菩薩調伏
其心令發道意此諸菩薩皆於是娑婆世界之下
此界虛空住於諸經典讀誦通利思惟分別正憶
念阿逸多是諸善男子等不樂在衆多有所說常
樂靜處勤行精進未曾休息亦不依止人天而住常
樂深智无有鄣㝵亦常樂於諸佛之法一心精進求
无上慧尒時世尊欲重宣此義而說偈言

阿逸汝當知　是諸大菩薩　從无數劫來　修習佛智慧
悉是我所化　令發大道心　此等是我子　依止是世界
常行頭陀事　志樂於靜處　捨大衆憒鬧　不樂多所說
如是諸子等　學習我道法　晝夜常精進　為求佛道故
在娑婆世界　下方空中住　志念力堅固　常勤求智慧
說種種妙法　其心无所畏　我於伽耶城　菩提樹下坐
得成㝡正覺　轉无上法輪　尒乃教化之　令初發道心
今皆住不退　悉當得成佛　我今說實語　汝等一心信

今皆住不退　悉當得成佛　我今說實語　汝等一心信
我從久遠來　教化是等衆
尒時弥勒菩薩摩訶薩及无數諸菩薩等心生疑惑
恠未曾有而作是念云何世尊於少時間教化如是
无量无邊阿僧祇諸大菩薩令住阿耨多羅三藐
三菩提即白佛言世尊如來為太子時出於釋宮
去伽耶城不遠坐於道場得成阿耨多羅三藐三菩
提從是以來始過四十餘年世尊云何於此少時大作
佛事以佛勢力以佛功德教化如是无量大菩薩衆當
成阿耨多羅三藐三菩提世尊此大菩薩衆假使有
人於千万億劫數不能盡不得其邊斯等久遠以來
於无量无邊諸佛所殖諸善根成就菩薩道常脩
梵行世尊如此之事世尊難信譬如有人色美髮黑年
二十五指百歲人言是我子其百歲人亦指年少言是我
父生育我等是事難信佛亦如是得道已來其實未
久而此大衆諸菩薩等以於无量千万億劫為佛道

一切世間甚為希有今日世尊方云得佛道時初令發心
教化示導令向阿耨多羅三藐三菩提世尊得佛未久
乃能作此大功德事我等雖復信佛隨宜所說佛所出
言未曾虛妄佛所知者皆悉通達然諸新發意菩薩
於佛滅後若聞是語或不信受而起破法罪業因緣唯
然世尊願為解說除我等疑及未來世諸善男子聞
此事已亦不生疑尒時彌勒菩薩欲重宣此義而
說偈言
佛昔從釋種　出家近伽耶　坐於菩提樹　尒來尚未久
此諸佛子等　其數不可量　久已行佛道　住於神通力
善學菩薩道　不染世間法　如蓮華在水　從地而踊出
皆起恭敬心　住於世尊前　是事難思議　云何而可信
佛得道甚近　所成就甚多　願為除眾疑　如實分別說
譬如少壯人　年始二十五　示人百歲子　髮白而面皺
是我等所生　子亦說是父　父少而子老　舉世所不信

譬如少壯人　年始二十五　是人百歲子　髮白而面皺
是我等所生　子亦說是父　父少而子老　舉世所不信
世尊亦如是　得道來甚近　是諸菩薩等　志固无怯弱
從无量劫來　而行菩薩道　巧於難問答　其心无所畏
忍辱心決定　端政有威德　十方佛所讚　善能分別說
不樂在人衆　常好在禪定　為求佛道故　於下空中住
我等從佛聞　於此事無疑　願佛為未來　演說令開解
若有於此經　生疑不信者　即當墮惡道　願今為解說
是无量菩薩　云何於少時　教化令發心　而住不退地
妙法蓮華經如來壽量品第十六
尒時佛告諸菩薩及一切大衆諸善男子汝等當
信解如來誠諦之語復告大衆汝等當信解如來誠
諦之語又復告諸大衆汝等當信解如來誠諦之語
是時菩薩大衆弥勒為首合掌白佛佛言世尊唯願
說之我等當信受佛語如是三白已復言唯願說之
我等當信受佛語尒時世尊知諸菩薩三請不止而

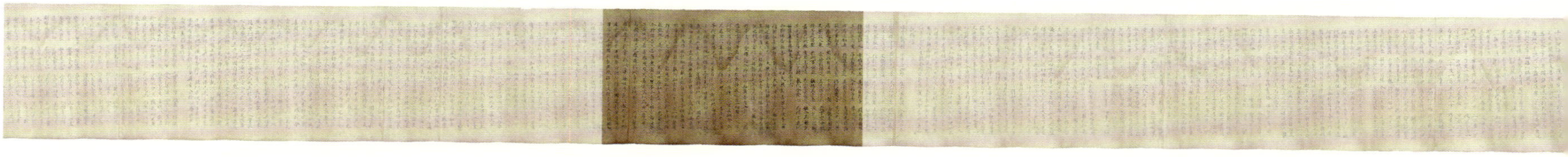

不遠坐於道場得成阿耨多羅三藐三菩提然善男
子我實成佛已來无量百千万億那由他劫譬如五百
千万億那由他阿僧祇三千大千世界假使有人末後
微塵過於東方五百千万億那由他阿僧祇國乃下一
塵如是東行盡是微塵諸善男子於意云何是諸世
界可得思惟挍計知其數不彌勒菩薩等俱白佛言
世尊是諸世界非筭數所知亦非心力所及一切聲聞
辟支佛以无漏智不能思惟知其限數我等住阿惟
越致地於是中亦所不達世尊如是諸世界无量无邊
尒時佛告大菩薩衆諸善男子今當分明宣語汝等
是諸世界若著微塵及不著者盡以為塵一塵一
劫我成佛已已復過於此百千万億那由他阿僧祇劫
自從是來我常在此娑婆世界說法教化亦於餘
處无量百千万億那由他阿僧祇國道利衆生諸善
男子於是中間我說然燈佛等又復言其入於涅槃如

男子於是中間我説燃燈佛等又復言其入於涅槃如
是皆以方便分別諸善男子若有衆生來至我所我
以佛眼觀其信等諸根利鈍隨所應度處處自説名
字不同年紀大小亦復現言當入涅槃又以種種方便
説微妙法能令衆生發歡喜心諸善男子如來見諸
衆生樂於小法德薄垢重者爲是人説我少出家得
阿耨多羅三藐三菩提然我實成佛已來久遠若斯
但以方便教化衆生令入佛道作如是説諸善男子如
來所演經典皆爲度脱衆生或説己身或説他身或
示己身或示他身或示己事或示他事諸所言説皆
實不虚所以者何如來如實知見三界之相无有生
死若退若出亦无在世及滅度者非實非虚非如非
異不如三界見於三界如斯之事如來明見无有
錯以諸衆生有種種欲種種行種種憶想分別故欲
令生諸善根已若干因緣譬喻言辭種種説法種説
法所作佛事未曾暫廢如是我成佛已來甚大久

滅度而便唱言當取滅度如来以是方便教化衆生
所以者何若佛久住於世薄德之人不種善根貧窮
下賤貪著五欲入於憶想妄見網中若見如来
常在不滅便起憍恣而懷猒怠不能生於難遭
之想恭敬之心是故如来以方便說比丘當知諸佛
出世難可值遇所以者何諸薄德人過无量百千万億
劫或有見佛或不見者以此事故我作是言諸比
丘如来難可得見斯衆生等聞如是語必當生
於難遭之想心懷戀慕渴仰於佛便種善根是
故如来雖不實滅而言滅度又善男子諸佛如来
法皆如是為度衆生皆實不虛譬如良醫智
慧聰達明練方藥善治衆病其人多諸子息
若十二十乃至百數以有事緣遠至餘國諸子於
後飲他毒藥藥發悶亂宛轉于地是時其父還来
歸家諸子飲毒或失本心或不失者遙見其父
皆大歡喜拜跪問訊……

歸家諸子飲毒或失本心或不失者遙見其父
皆大歡喜拜跪問訊善安隱歸我等愚癡誤服
毒藥願見救療更賜壽命父見子等苦惱如
是依諸經方求好藥草色香美味皆悉具足
汝等可和合與子令服而作是言此大良藥色
香美味皆悉具足汝等可服速除苦惱无復衆
患其諸子中不失心者見此良藥色香俱好即
便服之病盡除愈餘失心者見其父來雖亦歡
喜問訊求索救療如與其藥而不肯服我今
當設方氣深入失本心故於此好色香藥而爲不美
父作是念此子可愍爲毒所中心皆雖見我喜求
索救療如是好藥而不肯服我當設方便令服此
藥即作是言汝等當知我今衰老死時已至是好良
藥今留在此汝可取服勿憂不差作是教已復至
復至他國遣使還告汝父已死是時諸子聞父背喪
心大憂惱而作是念若父在者心大我等能見救護

皆愈其父聞子悉已得差尋便來歸咸使見之諸
善男子於意云何頗有人能說此良醫虛妄罪不
不也世尊佛言我亦如是成佛已來无量无邊百千
万億那由他阿僧祇劫我已 故以方便力言當滅度
亦无有能如法說我虛妄過者尒時世尊欲重
宣此義而說偈言
自我得佛來 所經諸劫數 无量百千万 億載阿僧祇
常說法教化 无數億衆生 令入於佛道 尒來无量劫
為度衆生故 方便現涅槃 而實不滅度 常住此說法
我常住於此 以諸神通力 令顛倒衆生 雖近而不見
衆見我滅度 廣供養舍利 咸皆懷戀慕 而生渴仰心
衆生既信伏 質直意柔軟 一心欲見佛 不自惜身命
時我及衆僧 俱出靈鷲山 我時語衆生 常在此不滅
以方便力故 現有滅不滅 餘國有衆生 恭敬信樂者
我復於彼中 為說无上法 汝等不聞此 但謂我滅度
我見諸衆生 沒在於苦惱 故不為現身 令其生渴仰

BD01092 妙法蓮華經卷五

我見諸衆生　沒在於苦惱　故不為現身　令其生渴仰
因其心戀慕　乃出為說法　神通力如是　於阿僧祇劫
常在靈鷲山　及餘諸住處　衆生見劫盡　大火所燒時
我此土安隱　天人常充滿　園林諸堂閣　種種寶莊嚴
寶樹多華菓　衆生所遊樂　諸天擊天鼓　常作衆伎樂
雨曼陀羅華　散佛及大衆　我淨土不毀　而衆見燒盡
憂怖諸苦惱　如是悉充滿　是諸罪衆生　以惡業因緣
過阿僧祇劫　不聞三寶名　諸有修功德　柔和質直者
則皆見我身　在此而說法　或時為此衆　說佛壽无量
久乃見佛者　為說佛難值　我智力如是　慧光照无量
壽命无數劫　久修業所得　汝等有智者　勿於此生疑
當斷令永盡　佛語實不虛　如醫善方便　為治狂子故
實在而言死　无能說虛妄　我亦為世父　救諸苦患者
為凡夫顛倒　實在而言滅　以常見我故　而生憍恣心
放逸著五欲　墮於惡道中　我常知衆生　行道不行道
隨應所可度　為說種種法　每自作是意　以何令衆生

妙[illegible]
尒時大會聞佛說壽命劫數長遠二是无量无邊
阿僧祇衆生得大饒益於時世尊告弥勒菩薩摩訶
薩阿逸多我說是如来壽命長遠時六百八十万億
那由他恒河沙衆生得无生法忍復有千倍菩薩摩訶
薩得聞持陁羅尼門復有一世界微塵數菩薩摩訶
薩得樂說无导辯才復有一世界微塵數菩薩摩訶
薩得百千万億无量旋陁羅尼復有三千大千世界
微塵數菩薩摩訶薩能轉不退法輪復有二千中國
土微塵數菩薩摩訶薩能轉清淨法輪復有小千
國土微塵數菩薩摩訶薩八生當得阿耨多羅三
藐三菩提復有四四天下微塵數菩薩摩訶薩四
生當得阿耨多羅三藐三菩提復有三四天下微
塵數菩薩摩訶薩三生當得阿耨多羅三藐
三菩提復有二四天下微塵數菩薩摩訶薩二
生當得阿耨多羅三藐三菩提復有一四天下微

生當得阿耨多羅三藐三菩提復有一四天下微
數菩薩摩訶薩一生當得阿耨多羅三藐三菩
提復有八世界微塵數衆生皆發阿耨多羅三藐
三菩提心佛說是諸菩薩摩訶薩得大法利時於虛
空中雨曼陀羅華摩訶曼陀羅華以散无量百千万
億寶樹下師子座上諸佛并散七寶塔中師子座
上釋迦牟尼佛及久滅度多寶如來亦散一切諸大
菩薩及四部衆又雨細末栴檀沉水香等於虛空中
天鼓自鳴妙聲深遠又雨千種天衣垂諸瓔珞真珠
瓔珞摩尼珠瓔珞如意珠瓔珞遍於九方衆寶香
爐燒无價香自然周至供養大會一一佛上有諸菩
薩執持幡蓋次第而上至于梵天是諸菩薩以妙音
聲歌无量頌讚歎諸佛尒時弥勒菩薩從座而起
偏袒右肩合掌向佛而說偈言
佛說希有法　昔所未曾聞　世尊有大力　壽命不可量

或有大千界　微塵數菩薩　各各皆能轉　不退之法輪
復有中千界　微塵數菩薩　各各皆能轉　清淨之法輪
復有小千界　微塵數菩薩　餘各八生在　當得成佛道
復有四三二　如是四天下　微塵諸菩薩　隨數生成佛
或一四天下　微塵數菩薩　餘有一生在　當成一切智
如是等眾生　聞佛壽長遠　得无量无漏　清淨之果報
復有八世界　微塵數眾生　聞佛說壽命　皆發无上心
世尊說无量　不可思議法　多有所饒益　如虛空无邊
雨天曼陀羅　摩訶曼陀羅　釋梵如恒沙　无數佛土來
雨旃檀沉水　繽紛而亂墜　如鳥飛空下　供散於諸佛
天鼓虛空中　自然出妙聲　天衣千万種　旋轉而來下
眾寶妙香爐　燒无價之香　自然悉周遍　供養諸世尊
其大菩薩眾　執七寶幡蓋　高妙万億種　次第至梵天
一一諸佛前　寶幢懸勝幡　亦以千万偈　歌詠諸如來
如是種種事　昔所未曾有　聞佛壽无量　一切皆歡喜
佛名聞十方　廣饒益眾生　一切具善根　以助无上心

如是種種事　昔所未曾有　聞佛壽无量　一切皆歡喜
佛名聞十方　廣饒益衆生　一切具善根　以助无上心
尒時佛告弥勒菩薩摩訶薩阿逸多其有衆
生聞佛說壽命長遠如是乃至能生一念信解所
得功德无有限量若有善男子善女人為阿耨多
羅三藐三菩提故於八十万億那由他劫行五波
羅蜜檀波羅蜜尸波羅蜜羼提波羅蜜毗梨耶
波羅蜜禪波羅蜜除般若波羅蜜以是功德比
前功德百分千分百千万億分不及其一乃至筭
數譬喻所不能知若善男子善女人有如是功德於
阿耨多羅三藐三菩提退者无有是處尒時世尊
欲重宣此義而說偈言
若人求佛慧　於八十万億　那由他劫數　行五波羅蜜
於是諸劫中　布施供養佛　及緣覺弟子　并諸菩薩衆
珎異之飲食　上服與卧具　旃檀立精舍　以園林莊嚴
如是等布施　種種皆微妙　盡此諸劫數　以迴向佛道
若復持禁戒　清淨无缺漏　求於无上道　諸佛之所歎

諸有得法者　懷扵增上慢　為此所輕惱　如是亦能忍
若復勤精進　志念常堅固　扵无量億劫　一心不懈息
又扵无數劫　住扵空閑處　若坐若經行　除睡常攝心
以是因緣故　能生諸禪定　八十億万劫　安住心不亂
持此一心福　願求无上道　我得一切智　盡諸禪定際
是人扵百千　万億劫數中　行此諸功德　如上之所說
有善男女等　聞我說壽命　乃至一念信　其福過扵彼
若人悉无有　一切諸疑悔　深心須臾信　其福為如此
其有諸菩薩　无量劫行道　聞我說壽命　是則能信受
如是諸人等　頂受此經典　願我扵未来　長壽度衆生
如今日世尊　諸釋中之王　道場師子吼　說法无所畏
我等扵未来　一切所尊敬　坐扵道場時　說壽亦如是
若有深心者　清淨而質直　多聞能揔持　隨宜解佛語
如是諸人等　扵此无有疑
又阿逸多，若有聞佛壽命長遠，解其義趣，是
人所得功德，无有限量，能起如来无上之慧，何況

BD01092　妙法蓮華經卷五

又阿逸多若有聞佛壽命長遠解其義趣是
人所得功德无有限量能起如來无上之慧何況
廣聞是經若教人聞若自持若教持若自書若教
人書若以華香瓔珞幢幡繒蓋香油蘇燈供養
經卷是人功德无量无邊能生一切種智阿逸
多若善男子善女人聞我說壽命長遠深心信
解則為見佛常在耆闍崛山共大菩薩諸聲聞
眾圍繞說法又見此娑婆世界其地瑠璃坦平
正閻浮檀金以界八道寶樹行列諸臺樓觀皆
悉寶成其菩薩眾咸處其中若有能如是觀者
當知是為深信解相又復如來滅後若聞是經而
不毀呰起隨喜心當知以為深信解相何況讀誦
受持之者斯人頂戴如來阿逸多是善男子善
女人不須為我不起塔寺及作僧坊以四事供養
眾僧所以者何是善男子善女人受持讀誦是經典
者為已起塔造立僧坊供養眾僧則為以佛舍利

篌種種儛戲以妙音聲歌唄讚誦則為於无
量千万億劫作是供養已阿逸多若我滅後
聞是經典有能受持若自書若教人書則為起立
僧坊以赤栴檀作諸殿堂三十有二高八多羅樹
高廣嚴好百千比丘於其中止園林浴池經行
禪窟床褥湯藥一切樂具充滿其中如是僧
坊堂閣若干百千万億其數无量以此現前供
養於我及比丘僧是故我說如來滅後若有受
持是經為他人說若自書若教人書供養經卷不
須復起塔寺及造僧坊供養眾僧況復有人能
持是經兼行布施持戒忍辱精進一心智慧其德
最勝无量无邊譬如虛空東西南北四維上下
无量无邊是人功德亦復如是无量无邊疾至一
切種智若人讀誦受持是經為他人說若自書
若教人書復能起塔及造僧坊供養讚歎聲聞眾
僧亦以百千万億讚歎之法讚歎菩薩功德又

若教人復能起塔及造僧坊供養讚歎聲聞衆
僧亦以百千万億讚歎之法讚歎菩薩功德又
爲他人種種因緣隨義解說此法華經復能清
淨持戒與柔和者而共同止忍辱无瞋志念
堅固常貴坐禪得諸深定精進勇猛攝諸善法
利根智慧善荅問難阿逸多若我滅後諸善
男子善女人受持讀誦是經典者復有如是諸善
功德當知是人已趣道場近阿耨多羅三藐三
菩提坐道樹下阿逸多是善男子善女人若坐若
立若行處此中便應起塔一切天人皆應供養
如佛之塔尒時世尊欲重宣此義而說偈言
若我滅度後 能奉持此經 斯人福无量 如上之所說
是則爲具足 一切諸供養 以舍利起塔 七寶而莊嚴
表刹甚高廣 漸小至梵天 寶鈴千万億 風動出妙音
又於无數劫 而供養此塔 華香諸瓔珞 天衣衆伎樂
燃香蘇油燈 周帀常照明 惡世法末時 能持此經者

上饌妙衣服　床卧皆具足　百千衆住處　園林諸浴池
經行及禪窟　種種皆嚴好　若有信解心　受持讀誦書
若復教人書　及供養經卷　散華香末香　以須曼瞻蔔
阿提目多伽　薰油常燃之　如是供養者　得无量功德
如虛空无邊　其福亦如是　況復持此經　兼布施持戒
忍辱樂禪定　不瞋不惡口　恭敬於塔廟　謙下諸比丘
遠離自高心　常思惟智慧　有問難不瞋　隨順爲解說
若能行是行　功德不可量　若見此法師　成就如是德
應以天華散　天衣覆其身　頭面接足礼　生心如佛想
又應作是念　不久詣道樹　得无漏无爲　廣利諸人天
其所住止處　經行若坐卧　乃至說一偈　是中應起塔
莊嚴令妙好　種種以供養　佛子住此地　則是佛受用
常在於其中　經行及坐卧

妙法蓮華經卷第五

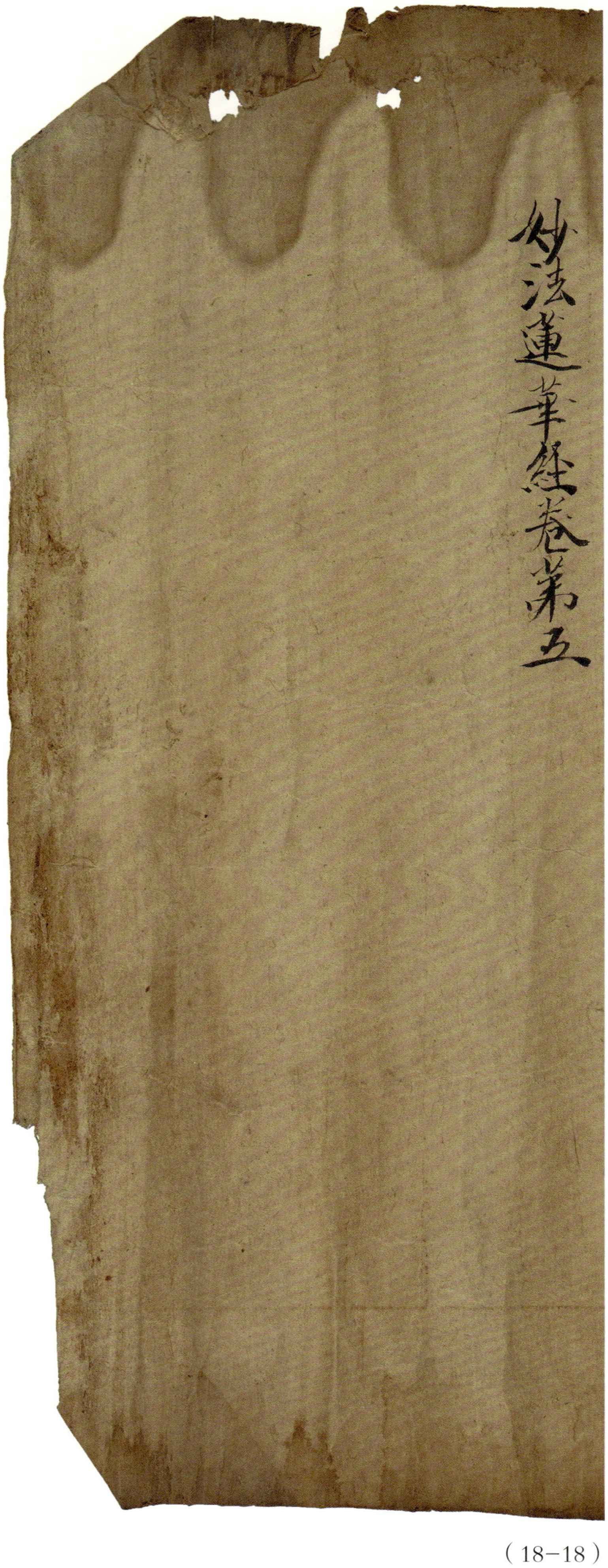
妙法蓮華經卷第五

BD01093　大般涅槃經卷三四

（北凉）曇無讖　譯

754.8cm × 25.5cm

身生於過
積集犯道不得解脫常樂涅槃如十方
有地土善男子護持禁戒精懃不解
四重不作五逆不用僧鬘物不作一闡提不
斷善根信如是等涅槃經典如爪上土數戒
懈怠犯四重禁作五逆罪用僧鬘物作闡
提斷諸善根不信是經如十方界所有
善男子如來善知衆生如是上中下根是故
稱佛具知根力迦葉菩薩白佛言世尊如來
具足知根力是故能知一切衆生上中下根
利鈍差別知現在世衆生諸根亦知未來衆生
生諸根如是衆生於佛滅後作如是說如來
畢竟入於涅槃或不畢竟入於涅槃或說有

是无為或有說言十二因緣是有為法或說
因緣是无為法或說心是有常或說心是无
常或有說言是五欲樂脉郭聖道或說不遮
或說世弟一法唯是欲界或說三界或說布
施唯是意業或有說言即是五陰或有
有三无為或有說言无三无為復有无
有造色復有說言或无造色或有說
作色或有說言无无作色或有說言有
法或有說言有五種有或有說言有六種
或有說言八戒齋法優婆塞戒具足受得或
有說言不具受得或說比丘犯四重已比丘
戒在或說不在或有說言須陀洹人斯陀含
人阿那含人阿羅漢人皆得佛道或言不得
或說佛性即眾生有或說佛性離眾生有或

或說佛性即衆生有或說佛性離衆生有或
有說言犯四重禁作五逆罪一闡提等皆有
佛性或說言无或有說言有十方佛或有說
言无十方佛如其如來具足成就知根力者
何故今日不決定說佛告迦葉菩薩善男子
如是之義非眼識知乃至非意識知乃是智
慧之所能知若有智者於是人終不作二是
名謂我不作二說於无智者作不定說而是
无智亦復謂我作不定說善男子如來所有
一切善行悉為調伏諸衆生故譬如醫王悉
為療治一切病苦善男子如來世尊為國土
故為時節故為他語故為人故為衆根故於
一法中作二種說於一名法說无量名於一
義中說无量名於无量義說无量名云何一

亦名无出亦名无作亦名无為亦名歸依亦
名窟宅亦名解脫亦名光明亦名燈明亦名
彼岸亦名无畏亦名无退亦名安處亦名寂
靜亦名无相亦名无二亦名一行亦名清淨
亦名无闇亦名无㝵亦名无諍亦名无濁亦
名廣大亦名甘露亦名吉祥是名一名作无
量名云何一義說无量名猶如帝釋亦名帝
釋亦名憍尸迦亦名婆蹉婆亦名富蘭陀羅
亦名摩佉婆亦名因陀羅亦名千眼亦名舍
脂夫亦名金剛亦名寶頂亦名寶幢是名一
義說无量名如佛如來亦名如來義異名異
亦名阿羅呵義異名異亦名三藐三佛陀義
異名異亦名船師亦名導師亦名正覺亦名
明行亦名大師子王亦名沙門亦名婆羅門

[illegible]
明行亦名大師子王亦名沙門亦名婆羅門
亦名寂靜亦名施主亦名到彼岸亦名大醫
王亦名大象王亦名大龍王亦名施眼亦名
大力士亦名大无畏亦名寶聚亦名商主亦
名得脫亦名大丈夫亦名天人師亦名分陀
利亦名獨无等侶亦名大福田亦名大智慧
海亦名无相亦名具足八智如是一切義異
名異善男子是名无量義中說无量名復有
一義說无量名所謂如陰亦名為陰亦名顛
倒亦名為諦亦名四念處亦名四食亦名四識
住處亦名為有亦名為道亦名為時亦名衆
生亦名為世亦名第一義亦名三脩謂身戒
心亦名因果亦名煩惱亦名解脫亦名十二因
[illegible]

名善男子如來世尊為衆生故廣中說略略
中說廣第一義諦說為世諦說世諦法為第
一義諦云何名為廣中說略如告比丘我今
宣說十二因緣云何名為十二因緣所謂因
果云何名為略中說廣如告比丘我今宣說
苦集滅道苦者所謂无量諸苦集者所謂无
量煩惱滅者所謂无量解脫道者所謂无量
方便云何名為第一義諦說為世諦如告比
丘吾今此身有老病死云何名為說世諦為
第一義諦如告憍陳如汝得法故名阿若憍
陳如是故隨人隨意隨時故名如來知諸根
力善男子我若當於如是等義作定說者則
不得稱我為如來具知根力善男子有智人
當知香象所負非驢所勝一切衆生所行无

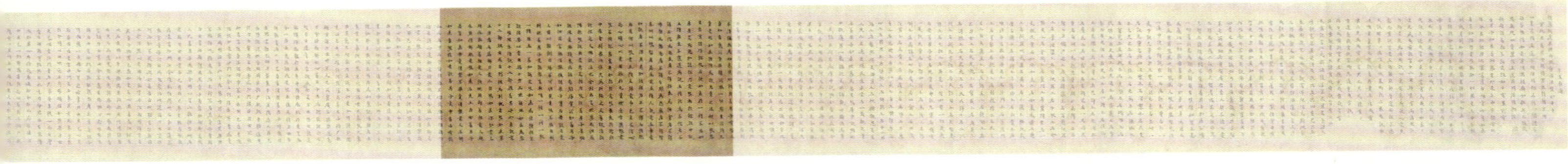

不得稱我為如来具知根力善男子有智人
盲知香鳥所負非驢所勝一切衆生所行无
量是故如来種種為説无量之法何以故衆
生多有諸煩惱故若使如来於一行不必如
来具足成就知諸根力是故我於餘經中説
五種衆生不應還為説五種法為不信者不
讃正信為毁戒者不讃持戒為慳貪者不讃
布施為懈怠者不讃多聞為愚癡者不讃智
慧何以故智者若為是五種人説是五事當
知説者不得具足知諸根力亦不得名憐愍
衆生何以故是五種人聞是事已生不信心
惡心瞋心以是因緣於无量世受苦果報是
故不憐愍衆生具知根力是故我先於餘經
中告舍利弗汝慎无為利根之人廣説法語

說法是佛境界非諸聲聞緣覺所知善男子
如汝所言佛涅槃後諸弟子等各異說者是
人皆以顛倒因緣不可得見是故不能自利
利他善男子是諸衆生非唯一性一行一根
一種國土一善知識是故如來為彼種種宜
說法要以是因緣十方三世諸佛如來為衆
生故開示演說十二部經善男子如來說是
十二部經非為自利但為利他是故如來第
五力者名為解力是二力故如來深知是人
現在能斷善根是人後世能斷善根是人現
在能得解脫是故如來名无上力士善男子
若言如來畢竟涅槃不畢竟涅槃是人不解
如來意故作如是說善男子是中香山有諸

如来意故作如是說善男子是中香山有諸
仙人五万三千皆於過去迦葉佛所脩諸功
德未得正道親近諸佛聽受正法如来欲為
如是人故告阿難言過三月已吾當涅槃諸
天聞已其聲展轉乃至香山諸仙聞已即生
悔心作如是言云何我等得生人中不親近
佛諸佛如来出世甚難如優曇花我今當往
至世尊所聽受正法善男子尔時五万三千
諸仙即来我所我時即為如應說法諸大士
色是无常何以故色之因緣是无常故无常
因生色云何常乃至識亦如是尔時諸仙聞
是法已即時獲得阿羅漢果善男子拘尸那
竭有諸力士卅万人无所繫屬自恃憍恣色

敬順順我教於五年中種種教化乃至不能
令一力士受法調伏是故我後為彼力士告
阿難言過三月已吾當涅槃善男子時諸力
士聞是語已相与聚集平治道路過三月已
我時便從毗舍離國至拘尸那城中路遙見
諸力士輩即自化身為沙門像往力士所作
如是言諸童子作何事耶力士聞已皆生瞋
恨作如是言沙門汝今云何謂我等輩為童
子耶我時語言汝等大衆卅万人盡其身力
不能移此微末小石云何不名為童子耶諸
力士言汝若謂我為童子者當知汝即是大
人也善男子我於爾時以足二指掘出此石
是諸力士見是事已即於己身生輕劣想復
作是言沙門汝今復能移徙此石令出道不

是諸力士見是事已即於己身生輕慢想
作是言沙門汝今復能移除此石令出道不
我言童子何因緣故嚴治此道諸力士言沙
門汝知不耶釋迦如來當由此路至娑羅林
入於涅槃以是因緣我等平治我時讚言善
哉童子汝等已發如是善心我當為汝除去
此石我時以手舉擲高至阿迦尼吒時諸力
士見石在空皆生驚怖尋即四散我復告
言諸力士等汝今不應生恐怖心若欲散去
諸力士言沙門若能救護我者我當安住爾
時我復以手接石置之右掌力士見已心生
歡喜復作是言沙門是石常耶是無常乎我
於爾時以口吹之石即散壞猶如微塵力士
見已唱言沙門是石無常即生愧心而自考

士見已一切皆發菩提之心善男子拘尸那
竭有一工巧名曰純陁是人先於迦葉佛所
發大誓願釋迦如來入涅槃時我當最後奉
施飲食是故我於毗舍離國顧命比丘憂波
摩那善男子過三月已吾當於彼拘尸那竭
娑羅雙樹入般涅槃汝可往告純陁令知善
男子王舍城中有五通仙名須跋陁年百廿
常自稱是一切智人生大憍慢已於過去无
量佛所種諸善根我亦為欲調伏彼故告阿
難言過三月已吾當涅槃須跋聞已當來我
所生信敬心我當為彼說種種法其人聞已
當得盡漏善男子羅閱耆王頻婆娑羅其王
太子名曰善見業因緣故生惡逆心欲害其

太子名曰善見業因緣故生惡逆心欲害其
父而不得便尒時惡人提婆達多亦因過去
業因緣故復於我所生不善心欲害於我即
修五通不久獲得与善見太子共為親厚為
太子故現作種種神通之事從非門出從門
而入從門而出非門而入或時示現象馬牛
羊男女之身善見太子見已即生愛心喜心
敬信之心為是事故嚴設種種供養之具而
供養之又復白言大師聖人我今欲見曼陀
羅花時提婆達多即便往至三十三天從彼
天人而求索之其福盡故都无与者既不得
花作是思惟曼陀羅樹无我我所若自取
當有何罪即前欲取便失神通還見已身在
王舍城心生慚愧不能復見善見太子復作

達多便来我所作如是言唯願如来以此大
衆付囑於我我當種種說法教化令其調伏
我言癡人舍利弗等聰明大智世所信伏我
猶不以大衆付囑况汝癡人食唾者乎時提
婆達多復於我所生惡心作如是言瞿曇
汝今雖復調伏大衆勢亦不久當見磨滅作
是語已大地即時六反震動提婆達多尋時
躄地於其身邊出大暴風吹諸塵土而汙坌
之提婆達多見惡相已復作是言若我此身
現世必入阿鼻地獄我要當報如是大怨時
提婆達尋起往至善見太子所善見見已即
問重人何故顏容憔悴有憂色耶提婆達言
我常如是汝不知乎善見答言願說其意何

我常如是汝不知乎善見荅言願説其意何
因緣今提婆達言我今与汝極成親愛外人
罵汝以為非理我聞是事豈得不憂善見太
子復作是言國人云何罵辱於我提婆達言
國人罵汝為未生怨善見復言何故名我為
未生怨誰作此名提婆達言汝未生時一切
相師皆作是言是兒生已當煞其父是故外
人皆悉号汝為未生怨一切内人護汝心故
謂為善見毗提夫人聞是語已見生汝於
高樓上弃之於地壞汝一指以是因緣人復
号汝為婆羅樓枝我聞是已心生愁憒而復
不能向汝説之提婆達多以如是等種種惡
事教令煞父若汝父煞我亦能煞瞿曇沙門
善見太子問一大臣名曰雨行大王何故為

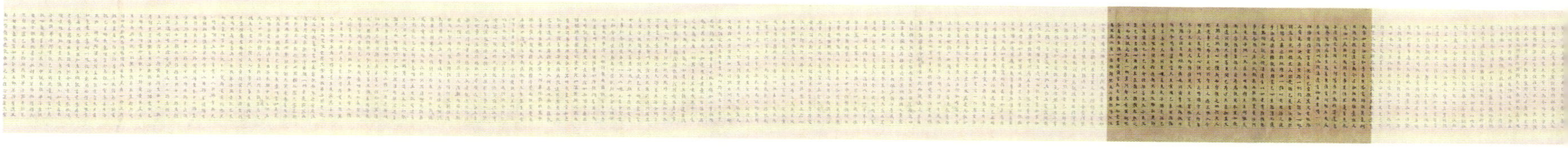

婆達所說无畏善見聞已即召大臣収其父
王閉之城外以四種兵而守護之毗提夫人
聞是事已即至王所所守王人遮不聽入尒
時夫人生瞋恚心便呵罵之時諸守人即告
太子大王夫人欲得往見父王不審聽不善
見聞已便生瞋嫉即往母所前牽母髮拔刀
欲斫尒時耆婆白言大王有國已来罪雖極
重不及女人况所生母善見太子聞是語已
為耆婆故即便放捨遮斷父王衣服臥具飲
食湯藥過七日已王命便終善見太子見父
喪已方生悔心雨行大臣復以種種惡邪之
法而為說之大王一切業行都无有罪何故
今者而生悔心耆婆復言大王當知如是業
者罪兼二重一者煞父王二者煞須陀洹

者難薫二重一者煞同父王二者煞須陁洹
如是罪者除佛更无能除滅者善見王言如
来清淨无有穢濁我等罪人云何得見善男
子我知是事故告阿難過三月已吾當涅槃
善見聞已即来我所我為説法重罪得薄獲
无根信善男子我諸弟子聞説是已不解我
意故作是言如来定説畢竟涅槃善男子菩
薩二種一者實義二者假名假名菩薩聞我
三月當入涅槃皆生退心而作是言如其如
来无常不住我等何為為是事故无量世中
受大苦惱如来世尊成就具足无量功德尚
不能壞如是死魔况我等輩當能壞邪善男
子是故我為如是菩薩而作是言如来常住
无有變易善男子我諸弟子聞是説已不解

滅之後善惡之業无有受者氣為是人作如
是言善惡果報實有受者云何知有善男子
過去之世拘尸那竭有王名曰善見作童子
時逕八万四千歲作太子時八万四千歲及
登王位亦八万四千歲於獨處坐作是思惟
衆生福薄壽命促常有四怨而隨逐之不自
覺知猶故放逸是故我當出家脩道斷絕四
怨生老病死即勅有司於其城外作七寶堂
作已便告羣臣百官宮內妃后諸子眷屬汝
等當知我欲出家能見聽不尒時大臣及其
眷屬各作是言善哉大王今正是時時見善
王將一使人獨往堂上復經八万四千年中
脩集慈心是慈因緣於後八万四千歲中次

脩集慈心是慈因緣於彼八万四千歲中次
第得作轉輪聖人王三十世中作釋提桓因
无量世中作諸小王善男子尒時善見豈異
人乎莫作斯觀即我身是善男子我諸弟子
聞是說已不解我意唱言如來定說有我及
有我所又我一時為諸衆生說言我者即是
性也所謂內外因緣十二因緣衆生五陰心
界世間功德業行自在天世即名為我我諸
弟子聞是說已不解我意唱言如來定說有
我善男子復於異時有一比丘來至我所作
如是言世尊云何名我誰是我所何緣故我
我時即為比丘說言比丘无我我所眼者即
是本无今有已有還无其生之時无所從來
及其滅時亦无所至雖有業果无有作者无

其世諦之我者即是業也何緣我者即是業
也何緣滅者即是愛也比丘譬如二手相拍
聲出其中我亦如是衆生業愛三因緣故名
之為我比丘一切衆生色不是我我中无色
色中无我乃至識亦如是比丘諸外道輩雖
說有我終不離陰若說離陰別有我者无有
是處一切衆生行如幻化熱時之炎比丘五
陰皆是无常无樂无我无淨善男子尒時多
有无量比丘觀此五陰无我我所得阿羅果
善男子我諸弟子聞說是已不解我意唱言
如來定說无我善男子我於經中復作是言
三事和合得受身〃者一父二母三者中陰是
三和合得受是身我時復說阿那含人現般
涅槃或於中陰入般涅槃或復說言中陰身
根具足明了皆因往業如淨醍醐善男子我

BD01093　大般涅槃經卷三四

三和合得實是身我時復說阿那含人現般
涅槃或於中陰入般涅槃或復說言中陰身
根具足明了皆因往業如淨醍醐善男子我
或時說弊惡眾生所受中陰如世間中麤澀
氈褐純善眾生所受中陰如婆羅㮈所出白
疊我諸弟子聞是說已不解我意唱言如來
說有中陰善男子我亦復為彼逆罪眾生而作
是言造五逆者捨身直入阿鼻地獄我亦復說
言曇摩留枝比丘身直入阿鼻地獄於其中
間无停止處我亦復為犢子梵志說言梵志
若有中陰則有六有我復說言无色眾生无有
中陰善男子我諸弟子聞是說已不解我意
唱言佛說定无中陰善男子我於經中復說
有退何以故因於无量懈怠懶惰諸比丘等
不脩道故說

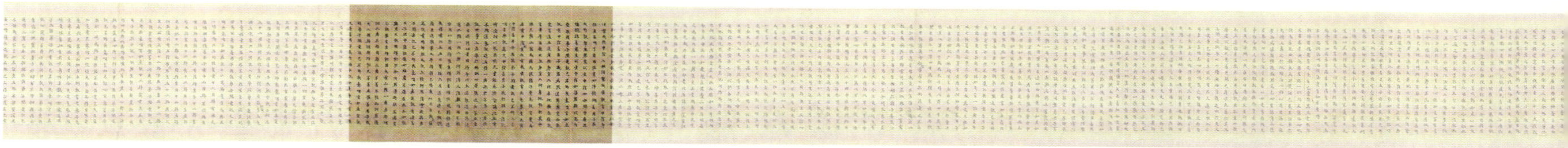

槃名遊行以是因緣令比丘退說退因緣復
有二種一內二外阿羅漢人雖離內因不離
外因以外因緣故生煩惱生煩惱故則便退
失復有比丘名曰瞿坻六反退失退已慚愧
復更進脩第七即得得已恐失以刀自害我復
為說有時解脫或說六種阿羅漢等我諸弟
子聞是說已不解我意唱如來定說有退善
男子經中復說譬如燋炭不還為木亦如瓶
壞更无瓶用煩惱亦爾阿羅漢斷煩惱不還生
亦說眾生生煩惱因凡有三種一者未斷煩
惱二者不斷因緣三者不善思惟而阿羅漢
无二因緣謂斷煩惱无不善思惟善男子我
諸弟子聞是說已不解我意唱言如來定說
无退善男子我於經中說如來身凡有二種

BD01093　大般涅槃經卷三四

諸弟子聞是説已不解我意唱言如来定説
无退善男子我於經中説如来身凡有二種
一者生身二者法身言生身者即是方便應
化之身如是身者可得言是生老病死長短
黑白是此是彼是學无學我諸弟子聞是説
已不解我意唱言如来定説佛身是有為法
法身即是常樂我淨永離一切生老病死非
白非黑非長非短非此非彼非學非无學若佛
出世及不出世常住不動无有變易善男子
我諸弟子聞是説已不解我意唱言如来定
説佛身是无為法善男子我經中説云何名
為十二因緣從无明生行從行生識從識生名色
從名色生六入從六入生觸從觸生受從受

解我意唱言如來說十二定緣是有為我又
一時告喻比丘而作言是十二因緣有佛无
佛性相常住善男子有十二因緣不從緣生
有從緣生非十二緣有從緣生亦十二緣生
有非緣生非十二緣有十二緣非緣生者謂
未來世十二枝也有從緣生非十二緣者謂
阿羅漢所有五陰有從緣生名十二緣者謂凡
夫人所有五陰十二緣有非緣生非十二緣
者謂虛空涅槃善男子我諸弟子聞是說已
不解我意唱言如來說十二緣定是无為善
男子我經中說一切衆生作善惡業捨身之
時四大於此即時散壞純善本業者心即上行
純惡業者心即下行善男子我諸弟子聞是
說已不解我意唱言如來說心定常善男子

BD01093　大般涅槃經卷三四

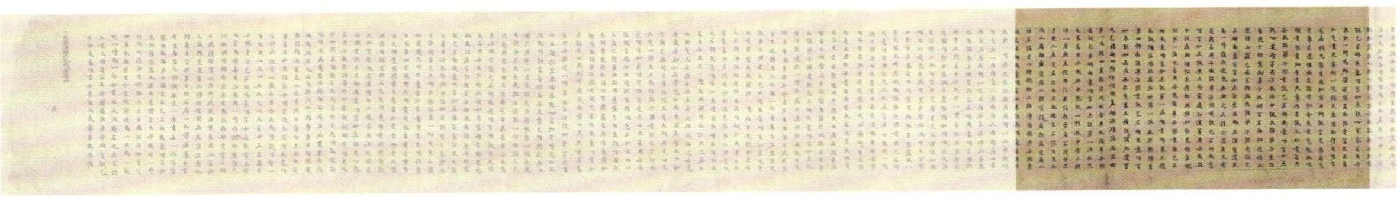

經典若有心所□說善男子我諸弟子聞是
說已不解我意唱言如來說心定常善男子
我於一時為頻婆娑羅王而作是言大王當
知色是无常何以故從无常因而得生故是
色若從无常生因知者云何說言是常若色
是常不應壞滅生諸苦惱今見是色散滅破
壞是故當知色是无常乃至識亦如是善男
子我諸弟子聞是說已不解我意唱言如來
說心定斷善男子我經中說我諸弟子受諸
香花金銀寶物妻子奴婢不淨物獲得正
道得正道已亦不捨離我諸弟子聞是說已
不解我意定言如來說受五部不防聖道又
我一時復作是說在欲之人得正道者无有
是處善男子我諸弟子聞是說已不解我意

聞第一法也善男子我諸弟子聞是說已不
解我意唱言如來說第一法唯是部果又復
我說煖法頂法忍法世第一法在於初禪至
第四禪我諸弟子聞是說已不解我意唱言
如來說如是法在於色界又復說言諸外道等
先已得斷四禪煩惱脩集煖法頂法忍法世
第一法觀四真諦得阿那含果我諸弟子聞
是說已不解我意唱言如來說第一法在无
色界善男子我經中說說四種施中有三種
淨一者施主信因信果信施受者不得因果
亐施二者受者信因果施施主不信因果及
施三者施者受者二俱有信四者施者受者二
俱不信是四種施初三種淨我諸弟子聞是
說已不解我意唱言如來說施唯意善男子

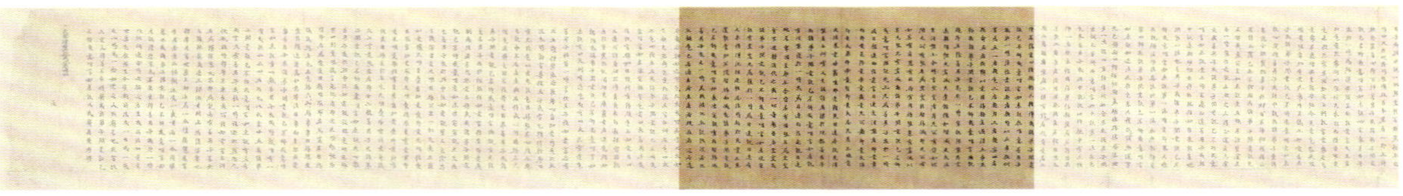

便不信是四種施初三種淨我諸弟子聞是
說已不解我意唱言如來說施唯意善男子
我於一時復作是說施有施時以五事施何
等為五一者施色二者施力三者施安四者
施命五者施辯以是因緣施主還得五事果
報我諸弟子聞是說已不解我意唱言佛說
施即五陰善男子我於一時宣說涅槃即是
遠離煩惱永盡无遺餘猶如燈滅更无法
生涅槃亦尒時言虛空者即无所有譬如世
間无所有故名為虛空非智緣滅即无所有
如其有者應有因緣有因緣故應有盡滅以
其无故无有盡滅我諸弟子聞是說已不解
我意唱言佛說无三无為善男子我於一時
為目揵連而作是言目連夫涅槃者即是章

即是大果即是畢竟智即是大忍无量三昧是
大法界是甘露味即是難見目連若說无涅
槃者云何有人生誹謗者墮於地獄善男子
我諸弟子聞是說已不解我意唱言如來說
有涅槃復於一時我為目連而作是說目連
眼不牢固至身亦尒皆不牢固故名為虛空
食下迴轉消化之處一切音聲皆名虛空我
諸弟子聞是說已不解我意唱言如來決定
說有虛空无為復於一時為目連說目連有
人未得須陁洹果住忍法時斷於无量三惡
道報當知不從智緣而滅我諸弟子聞是說
已不解我意唱言如來決定說有非智緣滅
善男子我又一時為跋波比丘說跋波若比
丘觀色已若過去若未來若現在若近若遠

丘觀色已若過去若未來若現在若近若遠
若麤若細如是等色非我我所若有比丘如
是觀已能斷色愛跋波又言云何名色四大
名色四陰名名我諸弟子聞是說已不解我
意唱言如來決定說言色是四大善男子我
復說言譬如因鏡則有像現色亦如是因四
大造所謂麤細澀滑青黃赤白長短方圓邪
角輕重寒熱飢渴煙雲塵霧是名造色猶如
響像我諸弟子聞是說已不解我意唱言如
來說有四大則有造色或有四大无有造色
善男子往昔一時善提王子作如是言若有
比丘護持禁戒若發惡心當知是時失比丘
法我時語言善提王子戒有七種從於身口

作色非異色因不作異色因果善男子我諸
弟子聞是說已不解我意唱言佛說有無作
色善男子我於餘經作如是言持者即是遮
制惡法若不作惡是名持戒我諸弟子聞是
說已不解我意唱言如來決定宣說無無作
色善男子我於經中作如是說聖人色陰乃
至識陰皆是無明因緣所出一切凡夫亦復
如是從無明生愛當知是愛即是無明從愛
生取當知是取即無明愛從取生有是有即
是無明愛取從有生受當知是受即是行有
從受因緣生於名色無明愛取有行受覺識
六入等是故受者即十二枝善男子我諸弟
子聞是說已不解我意唱言如來說無心數
善男子我於經中作如是說從眼色明思緣

子聞是說已不解我意唱言如來說无心數
善男子我於經中作如是說從眼色明惡欲
等四則生眼識言惡欲者即是无明欲性求
時即名為愛愛因緣故取取名為業業因緣
識識緣名色名色緣六入六入緣觸觸因緣想受
愛信精進定慧如是等法因觸而生然非是
觸善男子我諸弟子聞是說已不解我意唱
言如來說有心數善男子我或時說唯有一
有或說二三四五六七八九至廿五我諸弟
子聞是說已不解我意唱言如來說有五有
或言六有善男子我往一時住迦毗羅衛尼
拘樹林時釋摩男來至我所作如是言云何
名為優婆塞也我即為說若有善男子善女
人諸根完具受三歸依是則名為優婆塞也

塞也我諸弟子聞是說已不解我意唱言如
來說優婆塞戒不具受得善男子我於一時
住恒河邊尒時迦旃延來至我所作如是言
世尊我教眾生令受斯齋法或一日或一夜
或一時或一念如是之人成齋不也我言比
丘是人得善不名得齋我諸弟子聞是說已
不解我意唱言如來說八戒齋具受乃得

大般涅槃經卷第卅四

一校

BD01094 大般若波羅蜜多經卷二二二

（唐）玄奘 譯

788.8cm × 25.9cm

智清淨無二無二分
空清淨故身界清淨
清淨何以故若無際
淨若一切智智清淨無二
斷故無際空清淨故觸界
身觸身觸為緣所生諸受清淨觸
至身觸為緣所生諸受清淨故一切智
智清淨何以故若無際空清淨若觸界乃至
身觸為緣所生諸受清淨若一切智智清淨無
二無二分無別無斷故善現無際空清淨故
意界清淨意界清淨故一切智智清淨何
以故若無際空清淨若意界清淨若一切智
智清淨無二無二分無別無斷故無際空清

智清淨無二無二分無別無斷故無際空清
淨故法界意識界及意觸意觸為緣所生諸
受清淨法界乃至意觸為緣所生諸受清淨
故一切智智清淨何以故若無際空清淨若
法界乃至意觸為緣所生諸受清淨若一切
智智清淨無二無二分無別無斷故善現無
際空清淨故地界清淨地界清淨故一切智
智清淨何以故若無際空清淨若地界清淨
若一切智智清淨無二無二分無別無斷故
無際空清淨故水火風空識界清淨水火風
空識界清淨故一切智智清淨何以故若無
際空清淨若水火風空識界清淨若一切智
智清淨無二無二分無別無斷故善現無際
空清淨故無明清淨無明清淨故一切智智

空清淨故無明清淨無明清淨故一切智智
清淨何以故若無際空清淨若無明清淨若
一切智智清淨無二無二分無別無斷故無際
空清淨故行識名色六處觸受愛取有生老
死愁歎苦憂惱清淨行乃至老死愁歎苦
憂惱清淨故一切智智清淨何以故若無際
空清淨若行乃至老死愁歎苦憂惱清淨若
一切智智清淨無二無二分無別無斷故
善現無際空清淨故布施波羅蜜多清淨布
施波羅蜜多清淨故一切智智清淨何以故若
無際空清淨若布施波羅蜜多清淨若一切
智智清淨無二無二分無別無斷故無際空
清淨故淨戒安忍精進靜慮般若波羅蜜
多清淨淨戒乃至般若波羅蜜多清淨故一

多清淨淨戒乃至般若波羅蜜多清淨故一
切智智清淨何以故若無際空清淨若淨戒
乃至般若波羅蜜多清淨若一切智智清淨
無二無二分無別無斷故善現無際空清淨
故內空清淨內空清淨故一切智智清淨何
以故若無際空清淨若內空清淨若一切智
智清淨無二無二分無別無斷故無際空清
淨故外空內外空空空大空勝義空有為空
無為空畢竟空散空無變異空本性空自相
空共相空一切法空不可得空無性空自性空
無性自性空清淨外空乃至無性自性空
清淨故一切智智清淨何以故若無際空清
淨若外空乃至無性自性空清淨若一切智
智清淨無二無二分無別無斷故善現無際空

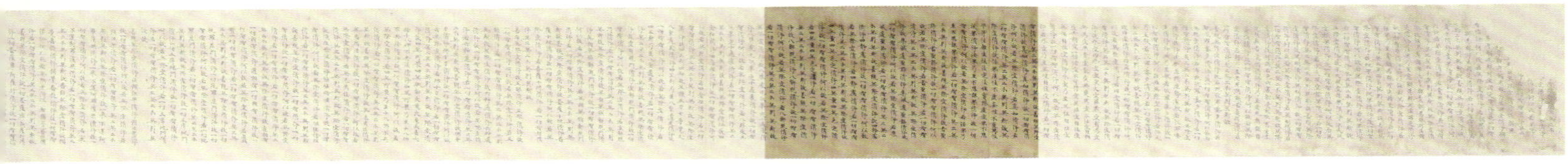

智清淨無二無二分無別無斷故善現無際空
清淨故真如清淨真如清淨故一切智智清
淨何以故若無際空清淨若真如清淨若
一切智智清淨無二無二分無別無斷故無
際空清淨故法界法性不虛妄性不變異性
平等性離生性法定法住實際虛空界不思
議界清淨法界乃至不思議界清淨故一切
智智清淨何以故若無際空清淨若法界乃
至不思議界清淨若一切智智清淨無二無
二分無別無斷故善現無際空清淨故苦聖
諦清淨苦聖諦清淨故一切智智清淨何以
故若無際空清淨若苦聖諦清淨若一切智智
清淨無二無二分無別無斷故無際空清
淨故集滅道聖諦清淨集滅道聖諦清淨故

淨故集滅道聖諦清淨集滅道聖諦清淨故
一切智智清淨何以故若無際空清淨若集
滅道聖諦清淨若一切智智清淨無二無二
分無別無斷故善現無際空清淨故四靜慮
清淨四靜慮清淨故一切智智清淨何以故
若無際空清淨若四靜慮清淨若一切智智
清淨無二無二分無別無斷故無際空清淨故
四無量四無色定清淨四無量四無色定清
淨故一切智智清淨何以故若無際空清淨
若四無量四無色定清淨若一切智智清淨
無二無二分無別無斷故善現無際空清
淨故八解脫清淨八解脫清淨故一切智智
清淨何以故若無際空清淨若八解脫清淨
若一切智智清淨無二無二分無別無斷故

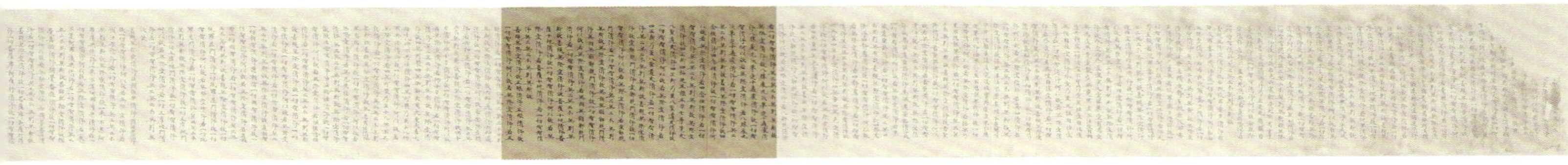

若一切智智清淨無二無二分無別無斷故
無際空清淨故八勝處九次第定十遍處清
淨八勝處九次第定十遍處清淨故一切智
智清淨何以故若無際空清淨若八勝處九
次第定十遍處清淨若一切智智清淨無二
無二分無別無斷故善現無際空清淨故四
念住清淨四念住清淨故一切智智清淨何
以故若無際空清淨若四念住清淨若一切
智智清淨無二無二分無別無斷故無際空
清淨故四正斷四神足五根五力七等覺支
八聖道支清淨四正斷乃至八聖道支清淨故
一切智智清淨何以故若無際空清淨若
四正斷乃至八聖道支清淨若一切智智清
淨無二無二分無別無斷故善現無際空清

淨無二無二分無別無斷故善現無際空清
淨故空解脫門清淨空解脫門清淨故一切
智智清淨何以故若無際空清淨若空解脫
門清淨若一切智智清淨無二無二分無別
無斷故無際空清淨故無相無願解脫門清
淨無相無願解脫門清淨故一切智智清淨
何以故若無際空清淨若無相無願解脫門
清淨若一切智智清淨無二無二分無別無
斷故善現無際空清淨故菩薩十地清淨菩
薩十地清淨故一切智智清淨何以故若無
際空清淨若菩薩十地清淨若一切智智清
淨無二無二分無別無斷故
善現無際空清淨故五眼清淨五眼清淨故
一切智智清淨何以故若無際空清淨若五

一切智智清淨何以故若無際空清淨若五
眼清淨若一切智智清淨無二無二分無別
無斷故無際空清淨故六神通清淨六神通
清淨故一切智智清淨何以故若無際空清
淨若六神通清淨若一切智智清淨無二無
二分無別無斷故善現無際空清淨故佛十
力清淨佛十力清淨故一切智智清淨何以故
若無際空清淨若佛十力清淨若一切智智
清淨無二無二分無別無斷故無際空清
淨故四無所畏四無礙解大慈大悲大喜大
捨十八佛不共法清淨四無所畏乃至十八佛
不共法清淨故一切智智清淨何以故若
無際空清淨若四無所畏乃至十八佛不共
法清淨若一切智智清淨無二無二分無別

法清淨若一切智智清淨無二無二分無別
無斷故善現無際空清淨故無忘失法清淨
無忘失法清淨故一切智智清淨何以故若
無際空清淨若無忘失法清淨若一切智智
清淨無二無二分無別無斷故無際空清淨
故恒住捨性清淨恒住捨性清淨故一切智
智清淨何以故若無際空清淨若恒住捨性
清淨若一切智智清淨無二無二分無別無斷
故善現無際空清淨故一切智清淨一切
智清淨故一切智智清淨何以故若無際空
清淨若一切智清淨若一切智智清淨無二
無二分無別無斷故無際空清淨故道相智
一切相智清淨道相智一切相智清淨故一
切智智清淨何以故若無際空清淨若道相

切智智清淨何以故若無際空清淨若道相
智一切相智清淨若一切智智清淨無二無
二分無別無斷故善現無際空清淨故一切
陁羅尼門清淨一切陁羅尼門清淨故一切
智智清淨何以故若無際空清淨若一切陁
羅尼門清淨若一切智智清淨無二無二分
無別無斷故無際空清淨故一切三摩地門
清淨一切三摩地門清淨故一切智智清淨
何以故若無際空清淨若一切三摩地門清
淨若一切智智清淨無二無二分無別無
斷故
善現無際空清淨故預流果清淨預流果清淨
故一切智智清淨何以故若無際空清淨若
預流果清淨若一切智智清淨無二無二分

預流果清淨若一切智智清淨無二無二分
無別無斷故無際空清淨故一來不還阿
羅漢果清淨一來不還阿羅漢果清淨故一
切智智清淨何以故若無際空清淨若一來
不還阿羅漢果清淨若一切智智清淨無二
無二分無別無斷故善現無際空清淨故獨
覺菩提清淨獨覺菩提清淨故一切智智
清淨何以故若無際空清淨若獨覺菩提清
淨若一切智智清淨無二無二分無別無斷故
善現無際空清淨故一切菩薩摩訶薩行清
淨一切菩薩摩訶薩行清淨故一切智智清
淨何以故若無際空清淨若一切菩薩摩訶
薩行清淨若一切智智清淨無二無二分無
別無斷故善現無際空清淨故諸佛無上正

別無斷故善現無際空清淨故諸佛無上正
等菩提清淨諸佛無上正等菩提清淨故一
切智智清淨何以故若無際空清淨若諸佛
無上正等菩提清淨若一切智智清淨無二
無二分無別無斷故
復次善現散空清淨故色清淨色清淨故一
切智智清淨何以故若散空清淨若色清淨
若一切智智清淨無二無二分無別無斷故
散空清淨故受想行識清淨受想行識清淨
故一切智智清淨何以故若散空清淨若受想
行識清淨若一切智智清淨無二無二分無
別無斷故善現散空清淨故眼處清淨眼處
清淨故一切智智清淨何以故若散空清淨
若眼處清淨若一切智智清淨無二無二分

若眼處清淨若一切智智清淨無二無二分
無別無斷故散空清淨故耳鼻舌身意處
清淨耳鼻舌身意處清淨故一切智智清淨
何以故若散空清淨若耳鼻舌身意處清淨
若一切智智清淨無二無二分無別無斷故
善現散空清淨故色處清淨色處清淨故一
切智智清淨何以故若散空清淨若色處清
淨若一切智智清淨無二無二分無別無斷
故散空清淨故聲香味觸法處清淨聲香
味觸法處清淨故一切智智清淨何以故若散
空清淨若聲香味觸法處清淨若一切智智
清淨無二無二分無別無斷故善現散空清
淨故眼界清淨眼界清淨故一切智智清淨何
以故若散空清淨若眼界清淨若一切智智

以故若散空清淨若眼界清淨若一切智智
清淨無二無二分無別無斷故散空清淨故
色界眼識界及眼觸眼觸為緣所生諸受清
淨色界乃至眼觸為緣所生諸受清淨故一
切智智清淨何以故若散空清淨若色界乃
至眼觸為緣所生諸受清淨若一切智智清
淨無二無二分無別無斷故善現散空清淨
故耳界清淨耳界清淨故一切智智清淨何
以故若散空清淨若耳界清淨若一切智智
清淨無二無二分無別無斷故散空清淨故
聲界耳識界及耳觸耳觸為緣所生諸受清淨
聲界乃至耳觸為緣所生諸受清淨故一切
智智清淨何以故若散空清淨若聲界乃至
耳觸為緣所生諸受清淨若一切智智清淨

耳觸為緣所生諸受清淨若一切智智清淨
無二無二分無別無斷故善現散空清淨
故鼻界清淨鼻界清淨故一切智智清淨何
以故若散空清淨若鼻界清淨若一切智智
清淨無二無二分無別無斷故散空清淨故
香界鼻識界及鼻觸鼻觸為緣所生諸受
清淨香界乃至鼻觸為緣所生諸受清淨故一
切智智清淨何以故若散空清淨若香界乃
至鼻觸為緣所生諸受清淨若一切智智清
淨無二無二分無別無斷故善現散空清淨
故舌界清淨舌界清淨故一切智智清淨何
以故若散空清淨若舌界清淨若一切智智
清淨無二無二分無別無斷故散空清淨故
味界舌識界及舌觸舌觸為緣所生諸受清
淨味界乃至舌觸為緣所生諸受清淨故一

淨味界乃至舌觸為緣所生諸受清淨故一
切智智清淨何以故若散空清淨若味界乃
至舌觸為緣所生諸受清淨若一切智智清
淨無二無二分無別無斷故善現散空清淨
故身界清淨身界清淨故一切智智清淨何
以故若散空清淨若身界清淨若一切智智
清淨無二無二分無別無斷故散空清淨故
觸界身識界及身觸身觸為緣所生諸受清
淨觸界乃至身觸為緣所生諸受清淨故一
切智智清淨何以故若散空清淨若觸界乃
至身觸為緣所生諸受清淨若一切智智清淨
無二無二分無別無斷故善現散空清淨故
意界清淨意界清淨故一切智智清淨何
以故若散空清淨若意界清淨若一切智智清

以故若散空清淨若意界清淨若一切智智清
淨無二無二分無別無斷故散空清淨故法
界意識界及意觸意觸為緣所生諸受清淨
法界乃至意觸為緣所生諸受清淨故一切
智智清淨何以故若散空清淨若法界乃至
意觸為緣所生諸受清淨若一切智智清
淨無二無二分無別無斷故善現散空清淨
故地界清淨地界清淨故一切智智清淨何
以故若散空清淨若地界清淨若一切智智
清淨無二無二分無別無斷故散空清淨故
水火風空識界清淨水火風空識界清淨故
一切智智清淨何以故若散空清淨若水火
風空識界清淨若一切智智清淨無二無二
分無別無斷故善現散空清淨故無明清淨

分無別無斷故善現散空清淨故無明清淨
無明清淨故一切智智清淨何以故若散空
清淨若無明清淨若一切智智清淨無二無
二分無別無斷故散空清淨故行識名色六
處觸受愛取有生老死愁歎苦憂惱清淨行
乃至老死愁歎苦憂惱清淨故一切智智清
淨何以故若散空清淨若行乃至老死愁歎
苦憂惱清淨若一切智智清淨無二無二分
無別無斷故
善現散空清淨故布施波羅蜜多清淨布施
波羅蜜多清淨故一切智智清淨何以故若
散空清淨若布施波羅蜜多清淨若一切智
智清淨無二無二分無別無斷故散空清淨
故淨戒安忍精進靜慮般若波羅蜜多清淨

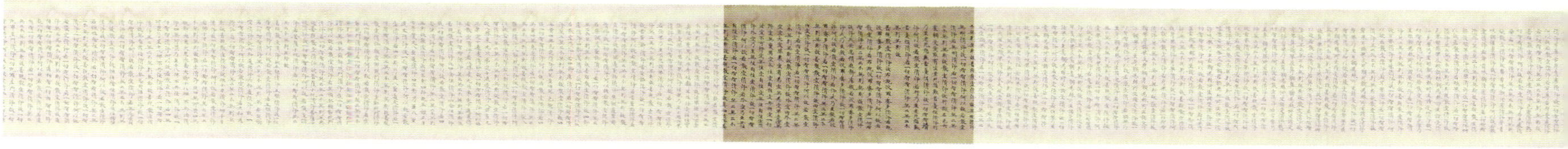

故淨戒乃至般若波羅蜜多清淨

淨戒乃至般若波羅蜜多清淨故一切智智清
淨何以故若散空清淨若淨戒乃至般若波
羅蜜多清淨若一切智智清淨無二無二分
無別無斷故善現散空清淨故內空清淨
內空清淨故一切智智清淨何以故若散空
清淨若內空清淨若一切智智清淨無二無
二分無別無斷故散空清淨故外空內外空
空空大空勝義空有為空無為空畢竟空無
際空無變異空本性空自相空共相空一切
法空不可得空無性空自性空無性自性空清
淨外空乃至無性自性空清淨故一切智智
清淨何以故若散空清淨若外空乃至無性
自性空清淨若一切智智清淨無二無二分
無別無斷故善現散空清淨故真如清淨真

無別無斷故善現散空清淨故真如清淨真
如清淨故一切智智清淨何以故若散空清
淨若真如清淨若一切智智清淨無二無二
分無別無斷故散空清淨故法界法性不虛
妄性不變異性平等性離生性法定法住實
際虛空界不思議界清淨法界乃至不思議界
清淨故一切智智清淨何以故若散空清淨
若法界乃至不思議界清淨若一切智智清
淨無二無二分無別無斷故善現散空清淨
故苦聖諦清淨苦聖諦清淨故一切智智
清淨何以故若散空清淨若苦聖諦清淨若
一切智智清淨無二無二分無別無斷故散
空清淨故集滅道聖諦清淨集滅道聖諦
清淨故一切智智清淨何以故若散空清淨

清淨故一切智智清淨何以故若散空清淨
若集滅道聖諦清淨若一切智智清淨無二
無二分無別無斷故善現散空清淨故四靜
慮清淨四靜慮清淨故一切智智清淨何以故
若散空清淨若四靜慮清淨若一切智智清
淨無二無二分無別無斷故散空清淨故四
無量四無色定清淨四無量四無色定清淨
故一切智智清淨何以故若散空清淨若四
無量四無色定清淨若一切智智清淨無二
無二分無別無斷故善現散空清淨故八
解脫清淨八解脫清淨故一切智智清淨何
以故若散空清淨若八解脫清淨若一切智
智清淨無二無二分無別無斷故散空清淨
故八勝處九次第定十遍處清淨八勝處九

故八勝處九次第定十遍處清淨八勝處九
次第定十遍處清淨故一切智智清淨何以故
若散空清淨若八勝處九次第定十遍處清
淨若一切智智清淨無二無二分無別無斷故
善現散空清淨故四念住清淨四念住清淨
故一切智智清淨何以故若散空清淨若四
念住清淨若一切智智清淨無二無二分無別
無斷故散空清淨故四正斷四神足五根五力
七等覺支八聖道支清淨四正斷乃至八聖
道支清淨故一切智智清淨何以故若散
空清淨若四正斷乃至八聖道支清淨若一
切智智清淨無二無二分無別無斷故善現
散空清淨故空解脫門清淨空解脫門清淨
故一切智智清淨何以故若散空清淨若空

故一切智智清淨何以故若散空清淨若空
解脫門清淨若一切智智清淨無二無二分
無別無斷故散空清淨故無相無願解脫門
清淨無相無願解脫門清淨故一切智智清
淨何以故若散空清淨若無相無願解脫門
清淨若一切智智清淨無二無二分無別無斷
故善現散空清淨故菩薩十地清淨菩薩十
地清淨故一切智智清淨何以故若散空清
淨若菩薩十地清淨若一切智智清淨無二
無二分無別無斷故
善現散空清淨故五眼清淨五眼清淨故一切
智智清淨何以故若散空清淨若五眼清淨
若一切智智清淨無二無二分無別無斷故散
空清淨故六神通清淨六神通清淨故一
切智智清淨何以故若散空清淨若六神通

切智智清淨何以故若散空清淨若六神通
清淨若一切智智清淨無二無二分無別無
斷故善現散空清淨故佛十力清淨佛十力
清淨故一切智智清淨何以故若散空清淨
若佛十力清淨若一切智智清淨無二無二
分無別無斷故散空清淨故四無所畏四無
礙解大慈大悲大喜大捨十八佛不共法清
淨四無所畏乃至十八佛不共法清淨故一
切智智清淨何以故若散空清淨若四無
所畏乃至十八佛不共法清淨若一切智智
清淨無二無二分無別無斷故善現散空清
淨故無忘失法清淨無忘失法清淨故一切
智智清淨何以故若散空清淨若無忘失法
清淨若一切智智清淨無二無二分無別無

清淨若一切智智清淨無二無二分無別無
斷故散空清淨恒住捨性清淨恒住捨性
清淨故一切智智清淨何以故若散空清淨
若恒住捨性清淨若一切智智清淨無二無
二分無別無斷故善現散空清淨故一切智
清淨一切智智清淨故一切智智清淨何以故
若散空清淨若一切智智清淨若一切智智清
淨無二無二分無別無斷故散空清淨故道
相智一切相智清淨道相智一切相智清淨
故一切智智清淨何以故若散空清淨若道
相智一切相智清淨若一切智智清淨無二
無二分無別無斷故善現散空清淨故一切
陁羅尼門清淨一切陁羅尼門清淨故一切
智智清淨何以故若散空清淨若一切陁羅

智智清淨何以故若散空清淨若一切陁羅
尼門清淨若一切智智清淨無二無二分無
別無斷故散空清淨故一切三摩地門清淨
一切三摩地門清淨故一切智智清淨何以
故若散空清淨若一切三摩地門清淨若一
切智智清淨無二無二分無別無斷故
善現散空清淨故預流果清淨預流果清淨
故一切智智清淨何以故若散空清淨若預
流果清淨若一切智智清淨無二無二分無
別無斷故散空清淨故一來不還阿羅漢果
清淨一來不還阿羅漢果清淨故一切智智
清淨何以故若散空清淨若一來不還阿羅
漢果清淨若一切智智清淨無二無二分無
別無斷故善現散空清淨故獨覺菩提清

別無斷故善現散空清淨故獨覺菩提清淨
淨獨覺菩提清淨故一切智智清淨何以故若
散空清淨若獨覺菩提清淨若一切智智清
淨無二無二分無別無斷故善現散空清淨
故一切菩薩摩訶薩行清淨一切菩薩摩訶
薩行清淨故一切智智清淨何以故若散空
清淨若一切菩薩摩訶薩行清淨若一切智
智清淨無二無二分無別無斷故善現散空
清淨故諸佛無上正等菩提清淨諸佛無上
正等菩提清淨故一切智智清淨何以故若
散空清淨若諸佛無上正等菩提清淨若一
切智智清淨無二無二分無別無斷故
復次善現無變異空清淨故色清淨色清淨
故一切智智清淨何以故若無變異空清淨

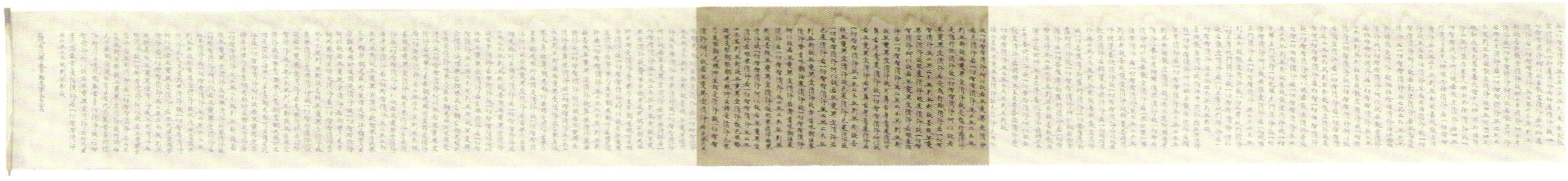

故一切智智清淨何以故若無變異空清淨
若色清淨若一切智智清淨無二無二分無
別無斷故無變異空清淨故受想行識清淨
受想行識清淨故一切智智清淨何以故若
無變異空清淨若受想行識清淨若一切智
智清淨無二無二分無別無斷故善現無變
異空清淨故眼處清淨眼處清淨故一切智
智清淨何以故若無變異空清淨若眼處清
淨若一切智智清淨無二無二分無別無斷
故無變異空清淨故耳鼻舌身意處清淨耳
鼻舌身意處清淨故一切智智清淨何以故
若無變異空清淨若耳鼻舌身意處清淨若
一切智智清淨無二無二分無別無斷故善
現無變異空清淨故色處清淨色處清淨故

現無變異空清淨故色處清淨色處清淨故
一切智智清淨何以故若無變異空清淨若
色處清淨若一切智智清淨無二無二分無
別無斷故無變異空清淨故聲香味觸法處
清淨聲香味觸法處清淨故一切智智清淨
何以故若無變異空清淨若聲香味觸法處
清淨若一切智智清淨無二無二分無別無
斷故善現無變異空清淨故眼界清淨眼界
清淨故一切智智清淨何以故若無變異空
清淨若眼界清淨若一切智智清淨無二無
二分無別無斷故無變異空清淨故色界眼
識界及眼觸眼觸為緣所生諸受清淨色界
乃至眼觸為緣所生諸受清淨故一切智智
清淨何以故若無變異空清淨若色界乃至

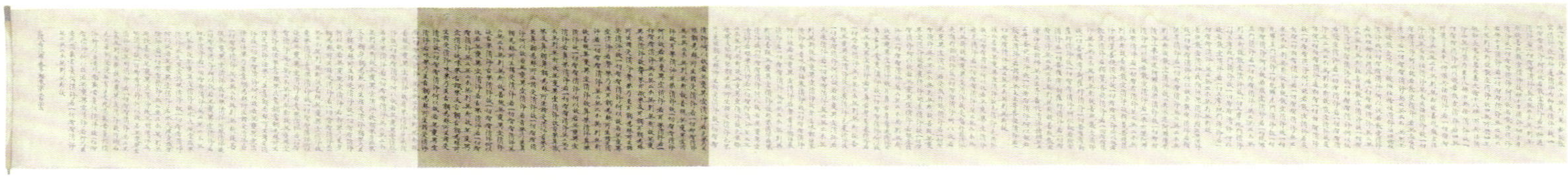

清淨何以故若無變異空清淨若色界乃至
眼觸為緣所生諸受清淨若一切智智清淨
無二無二分無別無斷故善現無變異空清
淨故耳界清淨耳界清淨故一切智智清淨
何以故若無變異空清淨若耳界清淨若一
切智智清淨無二無二分無別無斷故無變
異空清淨故聲界耳識界及耳觸耳觸為緣
所生諸受清淨聲界乃至耳觸為緣所生諸
受清淨故一切智智清淨何以故若無變異
空清淨若聲界乃至耳觸為緣所生諸受清
淨若一切智智清淨無二無二分無別無斷
故善現無變異空清淨故鼻界清淨鼻界
清淨故一切智智清淨何以故若無變異空
清淨若鼻界清淨若一切智智清淨無二無二

清淨若鼻界清淨若一切智智清淨無二無二
分無別無斷故無變異空清淨故香界鼻識
界及鼻觸鼻觸為緣所生諸受清淨香界乃
至鼻觸為緣所生諸受清淨故一切智智清
淨何以故若無變異空清淨若香界乃至鼻
觸為緣所生諸受清淨若一切智智清淨無
二無二分無別無斷故善現無變異空清淨
故舌界清淨舌界清淨故一切智智清淨何以
故若無變異空清淨若舌界清淨若一切智
智清淨無二無二分無別無斷故無變異
空清淨故味界舌識界及舌觸舌觸為緣所
生諸受清淨味界乃至舌觸為緣所生諸受
清淨故一切智智清淨何以故若無變異空
清淨若味界乃至舌觸為緣所生諸受清淨

清淨若味界乃至舌觸為緣所生諸受清淨
若一切智智清淨無二無二分無別無斷故
善現無變異空清淨故身界清淨身界清
淨故一切智智清淨何以故若無變異空清淨
若身界清淨若一切智智清淨無二無二分
無別無斷故無變異空清淨故觸界身識界
及身觸身觸為緣所生諸受清淨觸界乃至
身觸為緣所生諸受清淨故一切智智清淨
何以故若無變異空清淨若觸界乃至身
觸為緣所生諸受清淨若一切智智清淨無二
無二分無別無斷故善現無變異空清淨故
意界清淨意界清淨故一切智智清淨何以
故若無變異空清淨若意界清淨若一切智
智清淨無二無二分無別無斷故無變異空

智清淨無二無二分無別無斷故無變異空
清淨故法界意識界及意觸意觸為緣所生
諸受清淨法界乃至意觸為緣所生諸受清
淨故一切智智清淨何以故若無變異空清
淨若法界乃至意觸為緣所生諸受清淨若
一切智智清淨無二無二分無別無斷故善
現無變異空清淨故地界清淨地界清淨故
一切智智清淨何以故若無變異空清淨若
地界清淨若一切智智清淨無二無二分無
別無斷故無變異空清淨故水火風空識界
清淨水火風空識界清淨故一切智智清淨
何以故若無變異空清淨若水火風空識界
清淨若一切智智清淨無二無二分無別無
斷故善現無變異空清淨故無明清淨無

斷故善現無變異空清淨故無明清淨無
明清淨故一切智智清淨何以故若無變異空
清淨若無明清淨若一切智智清淨無二無
二分無別無斷故無變異空清淨故行識名
色六處觸受愛取有生老死愁歎苦憂惱清
淨行乃至老死愁歎苦憂惱清淨故一切智
智清淨何以故若無變異空清淨若行乃至
老死愁歎苦憂惱清淨若一切智智清淨
無二無二分無別無斷故

大般若波羅蜜多經卷第二百一十二

BD01095 四分律比丘戒本

（後秦）佛陀耶舍 譯

（唐）懷素 集

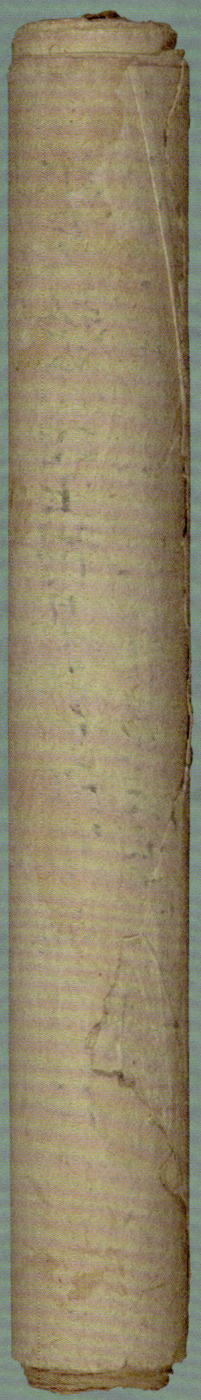

310cm × 24.5cm

[illegible]
㗂[illegible]生作如是思怖
種方便歎譽死快勸死是比丘波羅夷不共住
若比丘實无所知自稱言我得上人法我已入聖智
勝法我知是我見是彼於異時若問若不問欲
自清淨故作是說我實不知不見言知言見虛
誑妄語除增上慢是比丘波羅夷不共住
諸大德我已說四波羅夷法若比丘犯一波羅
夷法不得與諸比丘住如前後亦如是是比丘得
波羅夷罪不應共住今問諸大德是中清淨不三說
諸大德是中清淨默然故是事如是持
諸大德是十三僧伽婆尸沙法半月半月說戒經中
來
若比丘故挊陰出精除夢中僧伽婆尸沙
若比[illegible]

[illegible]

若比丘婬欲意與女人麤惡婬欲語隨麤惡婬
欲語者僧伽婆尸沙
若比丘婬欲意於女人前自歎身言大妹我脩梵
行持戒精進脩善法可持是婬欲法供養我如是
供養第一最僧伽婆尸沙
若比丘往來彼此媒嫁持男意語女持女意語男
若為成婦事若為私通事乃至須臾頃僧伽婆
尸沙
若比丘自求作屋無主自為己當應量作是中
量者長十二佛磔手內廣七磔手當將餘比丘指
授處所彼比丘當指示處所无難處无妨處若
比丘有難處妨處自求作屋无主自為己不將餘
比丘指示處所若過量作者僧伽婆尸沙
比丘指示處所若過量作者僧伽婆尸沙
若比丘欲作大房有主為己作當將餘比丘指授

比丘指示處所若過量作者僧伽婆尸沙
若比丘欲作大房有主為己作當將餘比丘指授
處所彼比丘應指授處所无難處无妨處若比
丘有難處有妨作大房有主為己作不將餘比
丘授處所者僧伽婆尸沙
若比丘瞋恚所覆故非波羅夷比丘以无根
波羅夷法謗欲壞彼清淨行若於異時若問
若不問知此事无根說我嗔恚故作是語若比丘
作是語者僧伽婆尸沙
若比丘以瞋恚故於異分事中取片非波羅夷比
丘以无根波羅夷法謗欲壞彼清淨行彼於異
時若問若不問知是異分事中取片是比丘自言我
瞋恚故作是語是語者伽婆尸沙
若比丘欲壞和合僧方便受壞和合僧法堅持不
捨彼比丘應諫是比丘言大德莫壞和合僧莫方便
壞和合僧當與僧和合歡喜不諍同一

法中有益安樂住是比丘如是諫時堅持不捨彼
比丘應三諫捨此事故乃至三諫捨者善不捨者僧
伽婆尸沙
若比丘有餘伴黨若一若二若三乃至無數彼比丘
語是比丘言大德莫諫此比丘此比丘是法語比丘律
語比丘此比丘所說我等喜樂此比丘所說我等
忍可彼比丘言大德莫作是說言此比丘是法語
比丘律語比丘此比丘所說我等喜樂此比丘所語我
等忍可然此比丘非法語比丘非律語比丘大德莫
破壞和合僧汝等當樂欲和合僧大德應與僧和
合歡喜不諍同一師學如水乳合於佛法中有增
益安樂住是比丘如是諫時堅持不捨彼比丘應三
捨是事故乃至三諫捨者善不捨者僧伽婆尸沙
若比丘依聚落若城邑住汙他家行惡行汙他家

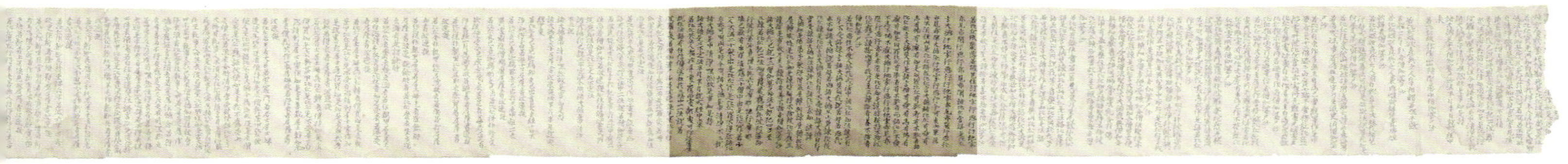

若比丘依聚落若城邑住汙他家行惡行汙他家
亦見亦聞行惡行亦見亦聞諸比丘當語是比丘
言大德汙他家行惡行汙他家亦見亦聞行惡行
亦見亦聞大德汝汙他家行惡行今可袁此聚落
去不須住此是比丘語彼比丘言大德諸比丘有愛有
恚有怖有癡有如是同罪比丘有駈者有不駈者諸
比丘報言大德莫作是語言僧有愛有恚有怖有
癡有如是同罪比丘有駈者有不駈者而諸比丘不愛
不恚不怖不癡大德汙他家行惡行汙他家亦見亦
聞行惡行亦見亦聞是比丘如是諫時堅持不捨彼
比丘應三諫捨此事故乃至三諫捨者善不捨者
僧伽婆尸沙
若比丘惡性不受人語於戒法中諸比丘如法諫已自
身不受諫語言諸大德莫向我說若好若惡我
亦不向諸大德[illegible]

當受諫語大德如法諫諸比丘諸比丘亦如法諫
大德如是佛弟子衆得增益展轉相諫展轉相教
展轉懺悔是比丘如是諫時堅持不捨彼比丘應三
諫捨是事故乃至三諫捨者善不捨者僧伽婆尸沙
諸大德我已說十三僧伽婆尸沙法九初犯四乃至
三諫若比丘犯一一法知而覆藏應強與波利婆沙
行波利婆沙竟增上與六夜摩那埵行摩那
埵已餘有出罪法應二十僧中出是比丘罪若少
一人不滿二十衆出是比丘罪不得除諸比
丘亦可呵此是時今問諸大德是中清淨不三說
諸大德是中清淨嘿然故是事如是持
諸大德是二不定法半月半月說戒經中來
若比丘共女人獨在屏處覆處鄣處可作婬處坐
說非法語有住信優婆私於三法中一一法說若
波羅夷若僧伽婆尸沙若波逸提是坐比丘自

BD01095　四分律比丘戒本

說非法語有住信優婆私於三法中一一法說若
波羅夷若僧伽婆尸沙若波逸提是坐比丘自
言我犯是罪於三法中應一一治若波羅夷若僧
伽婆尸沙若波逸提如住信優婆私所說應如法
治是比丘是名不定法
若比丘共女人在露現處不可作婬處坐說麁惡
語有住信優婆夷於二法中一一法說若僧伽婆尸沙
若波逸提是坐比丘自言我犯是事於二法中應一一
法治若僧伽尸沙若波逸提如住信優婆夷所
說應如法治是比丘是名不定法
諸大德我已說二不定法今問諸大德是中清淨
不三說
諸大德是中清淨嘿然故是事如是持
諸大德是三十尼薩耆波逸提法半月半月說戒

淨施得畜若過十日尼薩耆波逸提
若比丘衣已竟迦絺那衣已出於三衣中離二衣
異處宿除僧羯磨尼薩耆波逸提
若比丘衣已竟迦絺那衣已出若比丘得非時衣
欲須便受受已疾疾成衣若足者善若不足者
得畜經一月為滿足故若過畜者尼薩耆波逸提
若比丘從非親里比丘尼取衣除貿易尼薩耆
波逸提
若比丘令非親里比丘尼浣故衣若染若打尼
薩耆波逸提
若比丘從非親里居士若居士婦乞衣除餘時
尼薩耆波逸提餘時者若比丘奪衣失衣燒
衣漂衣是謂餘時
若比丘失衣奪衣燒衣漂衣若非親里居士居士

若比丘失衣奪衣燒衣漂衣若非親里居士居士
婦自恣請多與衣是比丘當知足受衣若過受
者尼薩耆波逸提
若比丘居士居士婦為比丘辦衣價買如是衣與
某甲比丘是比丘先不受自恣請到居士家作如
是說善哉居士為我買如是如是衣與我為
好故若得衣者尼薩耆波逸提
若比丘二居士居士婦與比丘辦衣價持如是衣
價買如是衣與某甲比丘是比丘先不受居士自
恣請到二居士家作如是言善哉居士辦如是如
是衣價我共作一衣為好故若得衣者尼薩耆
波逸提
若比丘若王若大臣若婆羅門若居士居士婦
遣使為比丘送衣價持如是衣價與某甲比丘彼

衣價我若須衣合時清淨當受彼使語比丘言
大德有執事人不須衣比丘應語言有若僧伽藍
民若優婆塞此是比丘執事人常為諸比丘執事時彼使
往至執事人所與衣價已還至比丘所作如是言大德
所示某甲執事人我已與衣價大德知時往彼當
得衣須衣比丘當往執事人所若二反三反為作
憶念應語言我須衣若二反三反為作憶念若得
衣者善若不得衣應四反五反六反在前嘿然立
若四反五反六反在前嘿然住得衣者善若不得
衣過是求得衣者尼薩耆波逸提若不得衣從
所得衣價處若自往若遣使往語言汝先遣使持
衣價與某甲比丘是比丘竟不得衣汝還取莫使失此
是時若比丘以新純黑羺羊毛作新卧具者尼薩耆
波逸提

BD01095　四分律比丘戒本

是時若比丘以新純黑羺羊毛作新臥具者尼薩耆
波逸提
若比丘作新臥具應用二分純黑羊毛三分白四分尨
若比丘不用二分黑三分白四分尨作新臥具者尼薩
耆波逸提
若比丘作新臥具持至滿六年若減六年不捨
故更作新者除僧羯磨尼薩耆波逸提
若比丘作新坐具當取故者縱廣一搩手帖著新
者上為壞色故若作新坐具不取故者縱廣一搩
手帖著新者上用壞色故尼薩耆波逸提
若比丘道路行得羊毛若無人持得自持乃至三由
旬若无人持自持過三由旬者尼耆波逸提
若比丘使非親里比丘尼浣染擘羊毛者尼薩耆
波逸提
若比丘自手捉錢若金銀若教人捉若置地受者

若比丘種種販賣者尼薩耆耆波逸提 二十
若比丘畜長鉢不淨施得得畜十日過者尼薩耆耆
波逸提
若比丘畜鉢減綴不漏更求新鉢為好故尼薩耆
波逸提彼比丘應往僧中捨展轉取最下鉢與
之令持乃至破應持此是時
若比丘自乞縷線使非親里織師織作衣者尼薩
耆波逸提
若比丘居士居士婦使織師為比丘織作衣彼比丘先
不受自恣請便往織師所語言此衣為我作與
我極好織令廣大堅緻我當少多與汝價是比
丘與衣價乃至一食直若得衣者尼薩耆波逸提
若比丘先與比丘衣後瞋恚故若自奪若教人奪
取還我衣來不與汝若比丘還衣彼取衣者尼
薩耆波逸

取還我衣來不與汝若比丘還衣彼取衣者尼
薩耆波逸
若比丘有病畜殘藥蘇油生蘇蜜石蜜齊七日得
服若過七日服者尼薩耆波逸提
若比丘春殘一月在當求雨浴衣半月應用浴若
比丘過一月前求雨浴衣過半月前用浴尼薩耆
波逸提
若比丘十日未滿夏三月諸比丘得急施衣比丘知
是急施衣當受受已乃至衣時應畜若過者
尼薩耆波逸提
若比丘夏三月竟見後迦提一月滿在阿蘭若有疑

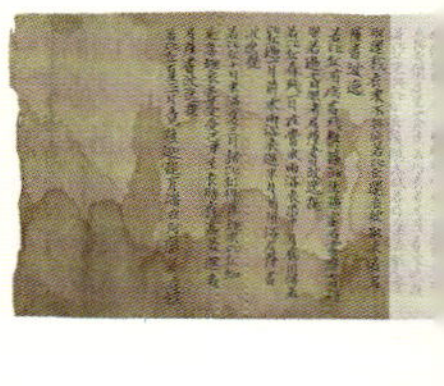

BD01096　大般若波羅蜜多經卷二〇〇

（唐）玄奘 譯

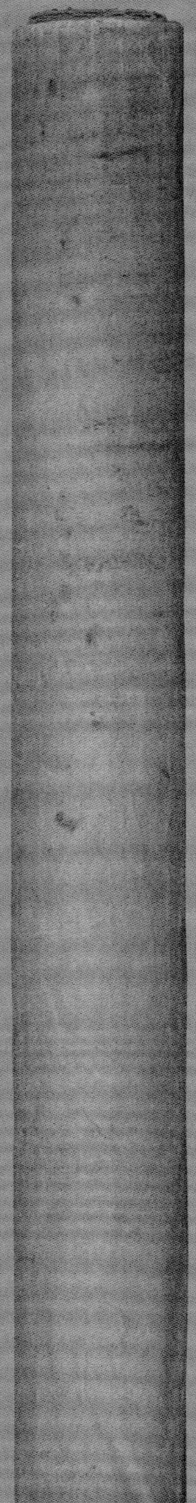

225cm × 25.3cm

蜜多
清淨若淨戒乃
切智智清淨无二无
分无別无斷故善現受者清淨故內空清淨
內空清淨故一切智智清淨何以故若受者
清淨若內空清淨若一切智智清淨无二无
二分无別无斷故受者清淨故外空內外空
空空大空勝義空有為空无為空畢竟空
无際空散空无變異空本性空自相空共相空
一切法空不可得空无性空自性空无性自
性空清淨外空乃至无性自性空清淨故一
切智智清淨何以故若受者清淨若外空乃
至无性自性空清淨若一切智智清淨无二
无二分无別无斷故善現受者清淨故真如
清淨真如清淨故一切智智清淨何以故若

二无二分无別无斷故受者清淨故法界法
性不虛妄性不變異性平等性離生性法定
法住實際虛空界不思議界清淨法界乃至
不思議界清淨故一切智智清淨何以故若
受者清淨若法界乃至不思議界清淨若一
切智智清淨无二无二分无別无斷故善現
受者清淨故苦聖諦清淨苦聖諦清淨故一
切智智清淨何以故若受者清淨若苦聖諦
清淨若一切智智清淨无二无二分无別无
斷故受者清淨故集滅道聖諦清淨集滅道
聖諦清淨故一切智智清淨何以故若受者
清淨若集滅道聖諦清淨若一切智智清淨
无二无二分无別无斷故善現受者清淨故

无二无二分无别无断故善現受者清淨故
四静慮清淨四静慮清淨故一切智智清淨
何以故若受者清淨若四静慮清淨若一切
智智清淨无二无二分无别无断故受者清
淨故四无量四无色定清淨四无量四无色
定清淨故一切智智清淨何以故若受者清
淨若四无量四无色定清淨若一切智智清
淨无二无二分无别无断故善現受者清淨
故八解脫清淨八解脫清淨故一切智智清
淨何以故若受者清淨若八解脫清淨若
切智智清淨无二无二分无别无断故受者
清淨故八勝處九次第定十遍處清淨八勝
處九次第定十遍處清淨故一切智智清淨
何以故若受者清淨若八勝處九次第定十

別无斷故善現受者清淨故四念住清淨四
念住清淨故一切智智清淨何以故若受者
清淨若四念住清淨若一切智智清淨无二
无二分无別无斷故受者清淨故四正斷四
神足五根五力七等覺支八聖道支清淨四
正斷乃至八聖道支清淨故一切智智清淨
何以故若受者清淨若四正斷乃至八聖道
支清淨若一切智智清淨无二无二分无別
无斷故善現受者清淨故空解脫門清淨空
解脫門清淨故一切智智清淨何以故若受
者清淨若空解脫門清淨若一切智智清淨
无二无二分无別无斷故受者清淨故无相
无願解脫門清淨无相无願解脫門清淨故

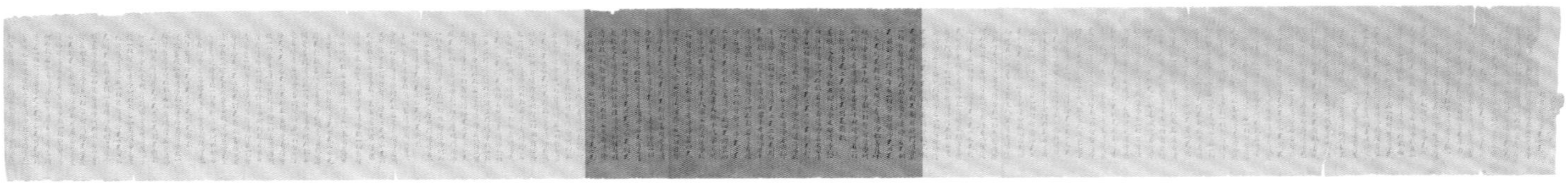

无願解脫門清淨无相无願解脫門清淨故
一切智智清淨何以故若受者清淨若无相
无願解脫門清淨若一切智智清淨无二无
二分无別无斷故善現受者清淨故菩薩十
地清淨菩薩十地清淨故一切智智清淨何
以故若受者清淨若菩薩十地清淨若一切
智智清淨无二无二分无別无斷故
善現受者清淨故五眼清淨五眼清淨故一
切智智清淨何以故若受者清淨若五眼清
淨若一切智智清淨无二无二分无別无斷
故受者清淨故六神通清淨六神通清淨故
一切智智清淨何以故若受者清淨若六神
通清淨若一切智智清淨无二无二分无別

淨若佛十力清淨若一切智智清淨无二无
二分无別无斷故受者清淨故四无所畏四
无礙解大慈大悲大喜大捨十八佛不共
法清淨四无所畏乃至十八佛不共法清淨故
一切智智清淨何以故若受者清淨若四无
所畏乃至十八佛不共法清淨若一切智智
清淨无二无二分无別无斷故善現受者清
淨故无忘失法清淨无忘失法清淨故一切
智智清淨何以故若受者清淨若无忘失法
清淨若一切智智清淨无二无二分无別无
斷故受者清淨故恒住捨性清淨恒住捨性
清淨故一切智智清淨何以故若受者清淨
若恒住捨性清淨若一切智智清淨无二无

若恒住捨性清淨若一切智智清淨无二无
二分无别无斷故善現受者清淨故一切智
清淨一切智清淨故一切智智清淨何以故
若受者清淨若一切智智清淨若一切智智清
淨无二无二分无别无斷故受者清淨故道
相智一切相智清淨道相智一切相智清淨
故一切智智清淨何以故若受者清淨若
道相智一切相智清淨若一切智智清淨无
二无二分无别无斷故善現受者清淨故一切
陁羅尼門清淨一切陁羅尼門清淨故一切
智智清淨何以故若受者清淨若一切陁羅
尼門清淨若一切智智清淨无二无二分无
别无斷故受者清淨故一切三摩地門清淨
一切三摩地門清淨故一切智智清淨何以

切智智清淨无二无二分无別无斷故
善現受者清淨故預流果清淨預流果清
淨故一切智智清淨何以故若受者清淨若預
流果清淨若一切智智清淨无二无二分无別
无斷故受者清淨故一來不還阿羅漢果
清淨一來不還阿羅漢果清淨故一切智智
清淨何以故若受者清淨若一來不還阿羅
漢果清淨若一切智智清淨无二无二分无
別无斷故善現受者清淨故獨覺菩提清淨
獨覺菩提清淨故一切智智清淨何以故若
受者清淨若獨覺菩提清淨若一切智智清
淨无二无二分无別无斷故善現受者清淨
故一切菩薩摩訶薩行清淨一切菩薩摩訶

淨無二無二分無別無斷故善現受者清淨
故一切菩薩摩訶薩行清淨一切菩薩摩訶
薩行清淨故一切智智清淨何以故若受者
清淨若一切菩薩摩訶薩行清淨若一切智
智清淨無二無二分無別無斷故善現受者
清淨故諸佛無上正等菩提清淨諸佛無上
正等菩提清淨故一切智智清淨何以故若
受者清淨若諸佛無上正等菩提清淨若一
切智智清淨無二無二分無別無斷故
復次善現知者清淨故色清淨色清淨故一
切智智清淨何以故若知者清淨若色清淨
若一切智智清淨無二無二分無別無斷故
知者清淨故受想行識清淨受想行識清淨
故一切智智清淨何以故若知者清淨若受
想行識清淨若一切智智清淨

眼處清淨故一切智智清淨何以故若知者清
淨若眼處清淨若一切智智清淨无二无二
分无別无斷故知者清淨故耳鼻舌身意處
清淨耳鼻舌身意處清淨故一切智智清淨
何以故若知者清淨若耳鼻舌身意處清
淨若一切智智清淨无二无二分无別无斷故
善現知者清淨故色處清淨色處清淨故一
切智智清淨何以故若知者清淨若色處清

BD01097　大般若波羅蜜多經卷二三二

（唐）玄奘 譯

632.3cm × 26.3cm

風空識界清淨若[illegible]清淨无二无二
分无別无斷故善現无相解脫門清淨故无
明清淨无明清淨故一切智智清淨何以故
若无相解脫門清淨若无明清淨若一切
智智清淨无二无二分无別无斷故无相解
脫門清淨故行識名色六處觸受愛取有生
老死愁歎苦憂惱清淨行乃至老死愁歎苦
憂惱清淨故一切智智清淨何以故若无相
解脫門清淨若行乃至老死愁歎苦憂惱清
淨若一切智智清淨无二无二分无別无斷
故
善現无相解脫門清淨故布施波羅蜜多清

清淨若一切智智清淨无二无二分无別无
斷故无相解脫門清淨故淨戒安忍精進靜
慮般若波羅蜜多清淨淨戒乃至般若波羅
蜜多清淨故一切智智清淨何以故若无相
解脫門清淨若淨戒乃至般若波羅蜜多清
淨若一切智智清淨无二无二分无別无斷
故善現无相解脫門清淨故內空清淨內空
清淨故一切智智清淨何以故若无相解脫
門清淨若內空清淨若一切智智清淨无二
无二分无別无斷故无相解脫門清淨故外
空內外空空空大空勝義空有為空无為空
畢竟空无際空散空无變異空本性空自相
空共相空一切法空不可得空无性空自性
空无性自性空清淨外空乃至无性自性空

BD01097　大般若波羅蜜多經卷二三二

空共相空一切法空不可得空无性空自性
空无性自性空清淨外空乃至无性自性空
清淨故一切智智清淨何以故若无相解脫
門清淨若外空乃至无性自性空清淨若一
切智智清淨无二无二分无別无斷故善現
无相解脫門清淨故真如清淨真如清淨故
一切智智清淨何以故若无相解脫門清淨
若真如清淨若一切智智清淨无二无二分
无別无斷故无相解脫門清淨故法界法性
不虛妄性不變異性平等性離生性法定法
住實際虛空界不思議界清淨法界乃至不
思議界清淨故一切智智清淨何以故若无
相解脫門清淨若法界乃至不思議界清淨

諦清淨故一切智智清淨何以故若无相解
脫門清淨若苦聖諦清淨若一切智智清淨
无二无二分无別无斷故无相解脫門清淨
故集滅道聖諦清淨集滅道聖諦清淨故一
切智智清淨何以故若无相解脫門清淨若
集滅道聖諦清淨若一切智智清淨无二无
二分无別无斷故善現无相解脫門清淨故
四靜慮清淨四靜慮清淨故一切智智清淨
何以故若无相解脫門清淨若四靜慮清淨
若一切智智清淨无二无二分无別无斷故
无相解脫門清淨故四无量四无色定清淨
四无量四无色定清淨故一切智智清淨何以
故若无相解脫門清淨若四无量四无色定

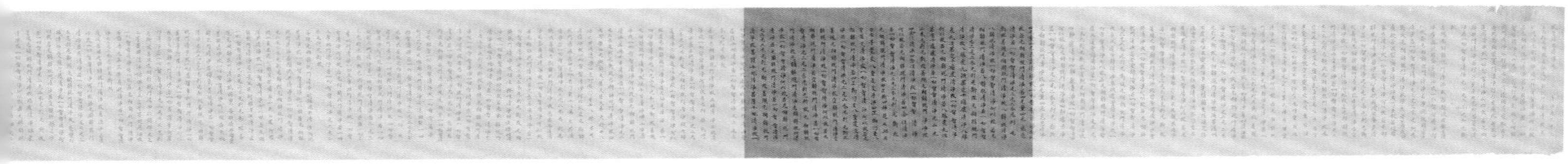

四无量四无色定清淨故一切智智清淨何以
故若无相解脱門清淨若四无量四无色定
清淨若一切智智清淨无二无二分无別无
斷故善現无相解脱門清淨故八解脱清淨
八解脱清淨故一切智智清淨何以故若无
相解脱門清淨若八解脱清淨若一切智智
清淨无二无二分无別无斷故无相解脱門
清淨故八勝處九次第定十遍處清淨八勝
處九次第定十遍處清淨故一切智智清淨
何以故若无相解脱門清淨若八勝處九次
第定十遍處清淨若一切智智清淨无二无
二分无別无斷故善現无相解脱門淨淨故
四念住清淨四念住清淨故一切智智清淨
何以故若无相解脱門清淨若四念住清淨

力七等覺支八聖道支清淨四正斷乃至八
聖道支清淨故一切智智清淨何以故若无
相解脫門清淨若四正斷乃至八聖道支清
淨若一切智智清淨无二无二分无別无斷故
善現无相解脫門清淨故空解脫門清淨空
解脫門清淨故一切智智清淨何以故若无
相解脫門清淨若空解脫門清淨若一切智
智清淨无二无二分无別无斷故无相解脫
門清淨故无願解脫門清淨无願解脫門清
淨故一切智智清淨何以故若无相解脫門
清淨若无願解脫門清淨若一切智智清淨
无二无二分无別无斷故善現无相解脫門
清淨故菩薩十地清淨菩薩十地清淨故一

清淨故菩薩十地清淨菩薩十地清淨故一
切智智清淨何以故若无相解脫門清淨若
菩薩十地清淨若一切智智清淨无二无二
分无別无斷故
善現无相解脫門清淨故五眼清淨五眼清
淨故一切智智清淨何以故若无相解脫門
清淨若五眼清淨若一切智智清淨无二无
二分无別无斷故无相解脫門清淨故六神
通清淨六神通清淨故一切智智清淨何以
故若无相解脫門清淨若六神通清淨若一
切智智清淨无二无二分无別无斷故善現
无相解脫門清淨故佛十力清淨佛十力清
淨故一切智智清淨何以故若无相解脫門
清淨若佛十力清淨若一切智智清淨无二

无所畏四无礙解大慈大悲大喜大捨十八
佛不共法清淨四无所畏乃至十八佛不共
法清淨故一切智智清淨何以故若无相解
脫門清淨若四无所畏乃至十八佛不共法
清淨若一切智智清淨无二无二分无別无
斷故善現无相解脫門清淨故无忘失法清
淨无忘失法清淨故一切智智清淨何以故
若无相解脫門清淨若无忘失法清淨若一
切智智清淨无二无二分无別无斷故无相
解脫門清淨故恒住捨性清淨恒住捨性清
淨故一切智智清淨何以故若无相解脫門
清淨若恒住捨性清淨若一切智智清淨无
二无二分无別无斷故善現无相解脫門清

淨何以故若一切智智清淨无
二无二分无別无斷故善現无相解脫門清
淨故一切智智清淨一切智清淨故一切智智
清淨何以故若无相解脫門清淨若一切智
清淨若一切智智清淨无二无二分无別无
斷故无相解脫門清淨故道相智一切相智清
淨道相智一切相智清淨故一切智智清淨
何以故若无相解脫門清淨若道相智一切
相智清淨若一切智智清淨无二无二分无別
无斷故善現无相解脫門清淨故一切陁
羅尼門清淨一切陁羅尼門清淨故一切智
智清淨何以故若无相解脫門清淨若一切
陁羅尼門清淨若一切智智清淨无二无二
分无別无斷故无相解脫門清淨故一切三

三摩地門清淨若一切智智清淨无二无二
分无別无斷故
善現无相解脫門清淨故預流果清淨預流
果清淨故一切智智清淨何以故若无相解
脫門清淨若預流果清淨若一切智智清淨
无二无二分无別无斷故无相解脫門清淨
故一來不還阿羅漢果清淨一來不還阿羅
漢果清淨故一切智智清淨何以故若无相
解脫門清淨若一來不還阿羅漢果清淨若
一切智智清淨无二无二分无別无斷故善
現无相解脫門清淨故獨覺菩提清淨獨覺
菩提清淨故一切智智清淨何以故若无相
解脫門清淨若獨覺菩提清淨若一切智智

菩提清淨故一切智智清淨何以
解脫門清淨若獨覺菩提清淨若一切智智
清淨无二无二分无別无斷故善現无相解
脫門清淨故一切菩薩摩訶薩行清淨一切
菩薩摩訶薩行清淨故一切智智清淨何以
故若无相解脫門清淨若一切菩薩摩訶薩
行清淨若一切智智清淨无二无二分无別
无斷故善現无相解脫門清淨故諸佛无上
正等菩提清淨諸佛无上正等菩提清淨故
一切智智清淨何以故若无相解脫門清淨
若諸佛无上正等菩提清淨若一切智智清
淨无二无二分无別无斷故
復次善現无願解脫門清淨故色清淨色清
淨故一切智智清淨何以故若无願解脫門

分无别无斷故无願
識清淨受想行識清淨故一切智智清淨何
以故若无願解脫門清淨若受想行識清淨
若一切智智清淨无二无二分无别无斷故
善現无願解脫門清淨故眼處清淨眼處
清淨故一切智智清淨何以故若无願解脫
門清淨若眼處清淨若一切智智清淨无二
无二分无别无斷故无願解脫門清淨故耳
鼻舌身意處清淨耳鼻舌身意處清淨故一
切智智清淨何以故若无願解脫門清淨若耳
鼻舌身意處清淨若一切智智清淨无二无
二分无别无斷故善現无願解脫門清淨故
色處清淨色處清淨故一切智智清淨何以
故若无願解脫門清淨若色處清淨若一
别无斷故无願解

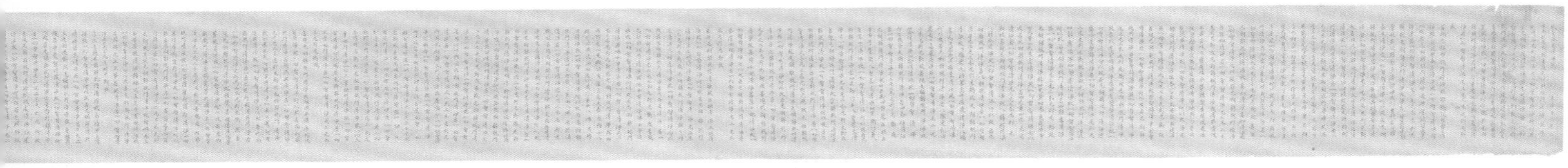

故若无願解脫門清淨若色處清淨若一
切智智清淨无二无二分无別无斷故无願解
脫門清淨故聲香味觸法處清淨聲香味觸
法處清淨故一切智智清淨何以故若无願
解脫門清淨若聲香味觸法處清淨若一切
智智清淨无二无二分无別无斷故善現无
願解脫門清淨故眼界清淨眼界清淨故一
切智智清淨何以故若无願解脫門清淨若
眼界清淨若一切智智清淨无二无二分无
別无斷故无願解脫門清淨故色界眼識界
及眼觸眼觸爲緣所生諸受清淨色界乃至
眼觸爲緣所生諸受清淨故一切智智清淨
何以故若无願解脫門清淨若色界乃至眼
觸爲緣所生諸受清淨若一切智智清淨无

淨故耳界清淨耳界清淨故一切智智清淨
何以故若无願解脫門清淨若耳界清淨若
一切智智清淨无二无二分无別无斷故无
願解脫門清淨故聲界耳識界及耳觸耳觸為
緣所生諸受清淨聲界乃至耳觸為所生諸
受清淨故一切智智清淨何以故若无願解
脫門清淨若聲界乃至耳觸為緣所生諸受
清淨若一切智智清淨无二无二分无別无
斷故善現无願解脫門清淨故鼻界清淨鼻
界清淨故一切智智清淨何以故若无願解
脫門清淨若鼻界清淨若一切智智清淨无
二无二分无別无斷故无願解脫門清淨故
香界鼻識界及鼻觸鼻觸為緣所生諸受清

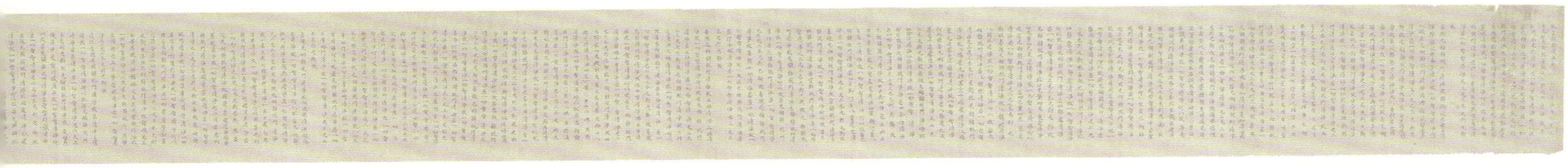

香界鼻識界及鼻觸鼻觸為緣所生諸受清
淨香界乃至鼻觸為緣所生諸受清淨故一
切智智清淨何以故若无願解脫門清淨若
香界乃至鼻觸為緣所生諸受清淨若一切
智智清淨无二无二分无別无斷故
善現无願解脫門清淨故舌界清淨舌界清
淨故一切智智清淨何以故若无願解脫門
清淨若舌界清淨若一切智智清淨无二无
二分无別无斷故无願解脫門清淨故味界
舌識界及舌觸舌觸為緣所生諸受清淨味
界乃至舌觸為緣所生諸受清淨故一切智
智清淨何以故若无願解脫門清淨若味界
乃至舌觸為緣所生諸受清淨若一切智智

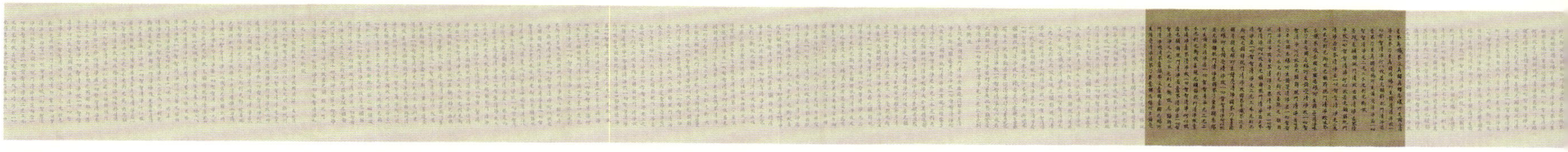

脫門清淨若身界清淨身界清淨故一切智
智清淨何以故若无願解脫門清淨若身界
清淨若一切智智清淨无二无二分无別无
斷故无願解脫門清淨故觸界身識界及身
觸身觸為緣所生諸受清淨觸界乃至身觸
為緣所生諸受清淨故一切智智清淨何以故
若无願解脫門清淨若觸界乃至身觸為緣
所生諸受清淨若一切智智清淨无二无二
分无別无斷故善現无願解脫門清淨故意
界清淨意界清淨故一切智智清淨何以故
若无願解脫門清淨若意界清淨若一切智
智清淨无二无二分无別无斷故无願解脫
門清淨故法界意識界及意觸意觸為緣所
生諸受清淨法界乃至意觸為緣所生諸受

生諸受清淨法界乃至意觸為緣所生諸受
清淨故一切智智清淨何以故若无願解脫
門清淨若法界乃至意觸為緣所生諸受清
淨若一切智智清淨无二无二分无別无斷
故善現无願解脫門清淨故地界清淨地界
清淨故一切智智清淨何以故若无願解脫
門清淨若地界清淨若一切智智清淨无二
无二分无別无斷故无願解脫門清淨故水
火風空識界清淨水火風空識界清淨故
一切智智清淨何以故若无願解脫門清淨
若水火風空識界清淨若一切智智清淨无
二无二分无別无斷故善現无願解脫門清
淨故无明清淨无明清淨故一切智智清淨

願解脫門清淨故行識名色六處觸受愛取
有生老死愁歎苦憂惱清淨行乃至老死愁
歎苦憂惱清淨故一切智智清淨何以故若
无願解脫門清淨若行乃至老死愁歎苦憂
惱清淨若一切智智清淨无二无二分无別
无斷故
善現无願解脫門清淨故布施波羅蜜多清
淨布施波羅蜜多清淨故一切智智清淨何
以故若无願解脫門清淨若布施波羅蜜多
清淨若一切智智清淨无二无二分无別无
斷故无願解脫門清淨故淨戒安忍精進靜
慮般若波羅蜜多清淨淨戒乃至般若波羅
蜜多清淨故一切智智清淨何以故若无願

慮般若波羅蜜多清淨……

蜜多清淨故一切智智清淨何以故若无願
解脫門清淨若淨戒乃至般若波羅蜜多清
淨若一切智智清淨无二无二分无別无斷
故善現无願解脫門清淨故內空清淨內空
清淨故一切智智清淨何以故若无願解脫
門清淨若內空清淨若一切智智清淨无二
无二分无別无斷故无願解脫門清淨故外
空內外空空空大空勝義空有為空无為空
畢竟空无際空散空无變異空本性空自相
空共相空一切法空不可得空无性空自性
空无性自性空清淨外空乃至无性自性空
清淨故一切智智清淨何以故若无願解脫
門清淨若外空乃至无性自性空清淨若
一切智智清淨无二无二分无別无斷故善

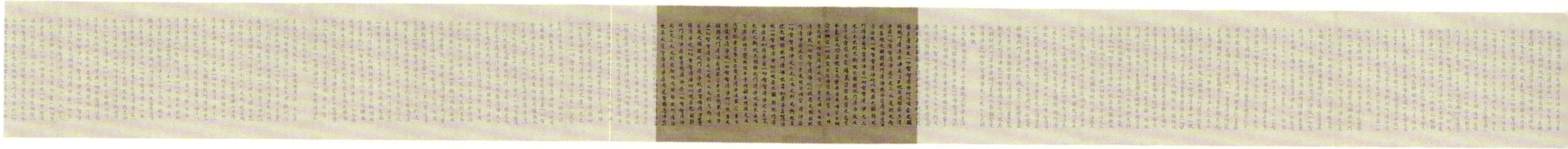

故一切智智清淨何以故若无願解脫門清
淨若真如清淨若一切智智清淨无二无二分
无別无斷故无願解脫門清淨故法界法性
不虛妄性不變異性平等性離生性法定法
住實際虛空界不思議界清淨法界乃至不
思議界清淨故一切智智清淨何以故若无
願解脫門清淨若法界乃至不思議界清淨
若一切智智清淨无二无二分无別无斷故
善現无願解脫門清淨故苦聖諦清淨苦聖
諦清淨故一切智智清淨何以故若无願解
脫門清淨若苦聖諦清淨若一切智智清淨
无二无二分无別无斷故无願解脫門清淨
故集滅道聖諦清淨集滅道聖諦清淨故一

BD01097　大般若波羅蜜多經卷二三二

故集滅道聖諦清淨集滅道聖諦清淨故一
切智智清淨何以故若无願解脫門清淨若
集滅道聖諦清淨若一切智智清淨无二无
二分无別无斷故善現无願解脫門清淨故
四靜慮清淨四靜慮清淨故一切智智清淨
何以故若无願解脫門清淨若四靜慮清淨
若一切智智清淨无二无二分无別无斷故
无願解脫門清淨故四无量四无色定清淨
四无量四无色定清淨故一切智智清淨何
以故若无願解脫門清淨若四无量四无色
定清淨若一切智智清淨无二无二分无別
无斷故善現无願解脫門清淨故八解脫清
淨八解脫清淨故一切智智清淨何以故若

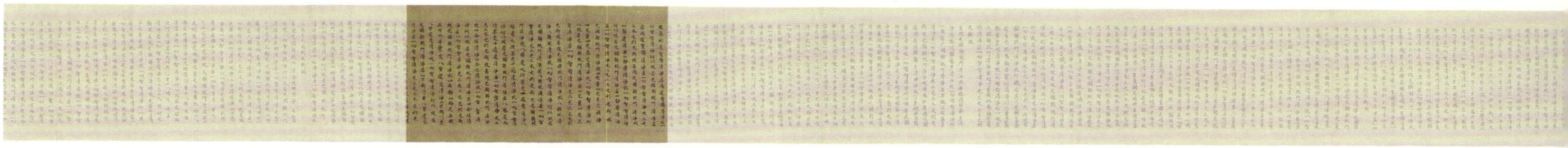

智清淨无二无二分无
門清淨故八勝處九次第定十遍處清淨八
勝處九次第定十遍處清淨故一切智智清
淨何以故若无願解脫門清淨若八勝處九
次第定十遍處清淨若一切智智清淨无二
无二分无别无斷故善現无願解脫門清淨
故四念住清淨四念住清淨故一切智智清
淨何以故若无願解脫門清淨若四念住清
淨若一切智智清淨无二无二分无别无斷
故无願解脫門清淨故四正斷四神足五根
五力七等覺支八聖道支清淨四正斷乃至
八聖道支清淨故一切智智清淨何以故若
无願解脫門清淨若四正斷乃至八聖道支
清淨若一切智智清淨无二无二分无别无

BD01097　大般若波羅蜜多經卷二三二

清淨若一切智智清淨无二无二分无别无
斷故善現无願解脫門清淨故空解脫門清
淨空解脫門清淨故一切智智清淨何以故
若无願解脫門清淨若空解脫門清淨若一
切智智清淨无二无二分无别无斷故无願
解脫門清淨故无相解脫清淨无相解脫
門清淨故一切智智清淨何以故若无願解
脫門清淨若无相解脫門清淨若一切智智
清淨无二无二分无别无斷故善現无願解
脫門清淨故菩薩十地清淨菩薩十地清淨
故一切智智清淨何以故若无願解脫門
清淨若菩薩十地清淨若一切智智清淨无
二无二分无别无斷故

清淨若五眼清淨若一切智智清淨无二无
二分无別无斷故无願解脫門清淨故六神
通清淨六神通清淨故一切智智清淨何以
故若无願解脫門清淨若六神通清淨若一
切智智清淨无二无二分无別无斷故善現
无願解脫門清淨故佛十力清淨佛十力清
淨故一切智智清淨何以故若无願解脫門
清淨若佛十力清淨若一切智智清淨无二
无二分无別无斷故无願解脫門清淨故四
无所畏四无礙解大慈大悲大喜大捨十八
佛不共法清淨四无所畏乃至十八佛不共
法清淨故一切智智清淨何以故若无願解
脫門清淨若四无所畏乃至十八佛不共法
清淨若一切智智清淨无二无二分无別无

法清淨故一切智智清淨何以故若无願解
脫門清淨若四无所畏乃至十八佛不共法
清淨若一切智智清淨无二无二分无別无
斷故善現无願解脫門清淨故无忘失法清
淨无忘失法清淨故一切智智清淨何以故
若无願解脫門清淨若无忘失法清淨若一
切智智清淨无二无二分无別无斷故无願
解脫門清淨故恒住捨性清淨恒住捨性清
淨故一切智智清淨何以故若无願解脫門
清淨若恒住捨性清淨若一切智智清淨无
二无二分无別无斷故善現无願解脫門清
淨故一切智智淨一切智清淨故一切智智
清淨何以故若无願解脫門清淨若一切智
清淨若一切智智清淨无二无二分无別无

淨何以故若无願解脫門清淨若道相智一
切相智清淨若一切智智清淨无二无二分
无別无斷故善現无願解脫門清淨故一切
陁羅尼門清淨一切陁羅尼門清淨故一切
智智清淨何以故若无願解脫門清淨若一
切陁羅尼門清淨若一切智智清淨无二无
二分无別无斷故无願解脫門清淨故一切
三摩地門清淨一切三摩地門清淨故一切
智智清淨何以故若无願解脫門清淨若一
切三摩地門清淨若一切智智清淨无二无
二分无別无斷故
善現无願解脫門清淨故預流果清淨預流
果清淨故一切智智清淨何以故若无願解

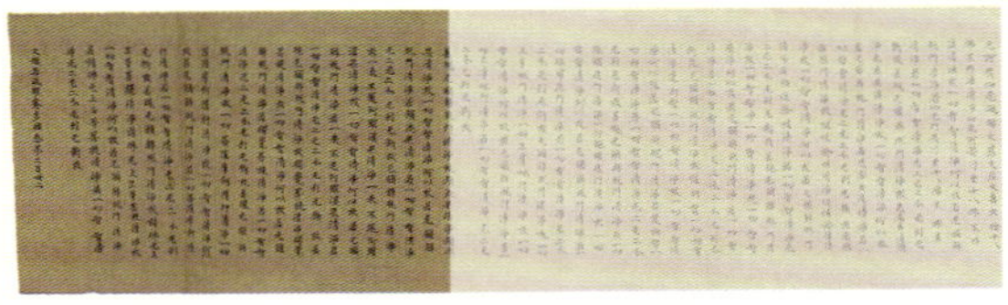

善現无願解脫門清淨故預流果清淨預流
果清淨故一切智智清淨何以故若无願解
脫門清淨若預流果清淨若一切智智清淨
无二无二分无別无斷故无願解脫門清淨
故一來不還阿羅漢果清淨一來不還阿羅
漢果清淨故一切智智清淨何以故若无願
解脫門清淨若一來不還阿羅漢果清淨若
一切智智清淨无二无二分无別无斷故善
現无願解脫門清淨故獨覺菩提清淨獨覺
菩提清淨故一切智智清淨何以故若无願
解脫門清淨若獨覺菩提清淨若一切智智
清淨无二无二分无別无斷故善現无願解
脫門清淨故一切菩薩摩訶薩行清淨一切
菩薩摩訶薩行清淨故一切智智清淨何以

行清淨若一切智智清淨无二
无斷故善現无願解脫門清淨故諸佛无上
正等菩提清淨諸佛无上正等菩提清淨故
一切智智清淨何以故若无願解脫門清淨
若諸佛无上正等菩提清淨若一切智智清
淨无二无二分无别无斷故

大般若波羅蜜多經卷第二百卅二

BD01098 金光明最勝王經卷六

（唐）義净 譯

702.4cm × 24.5cm

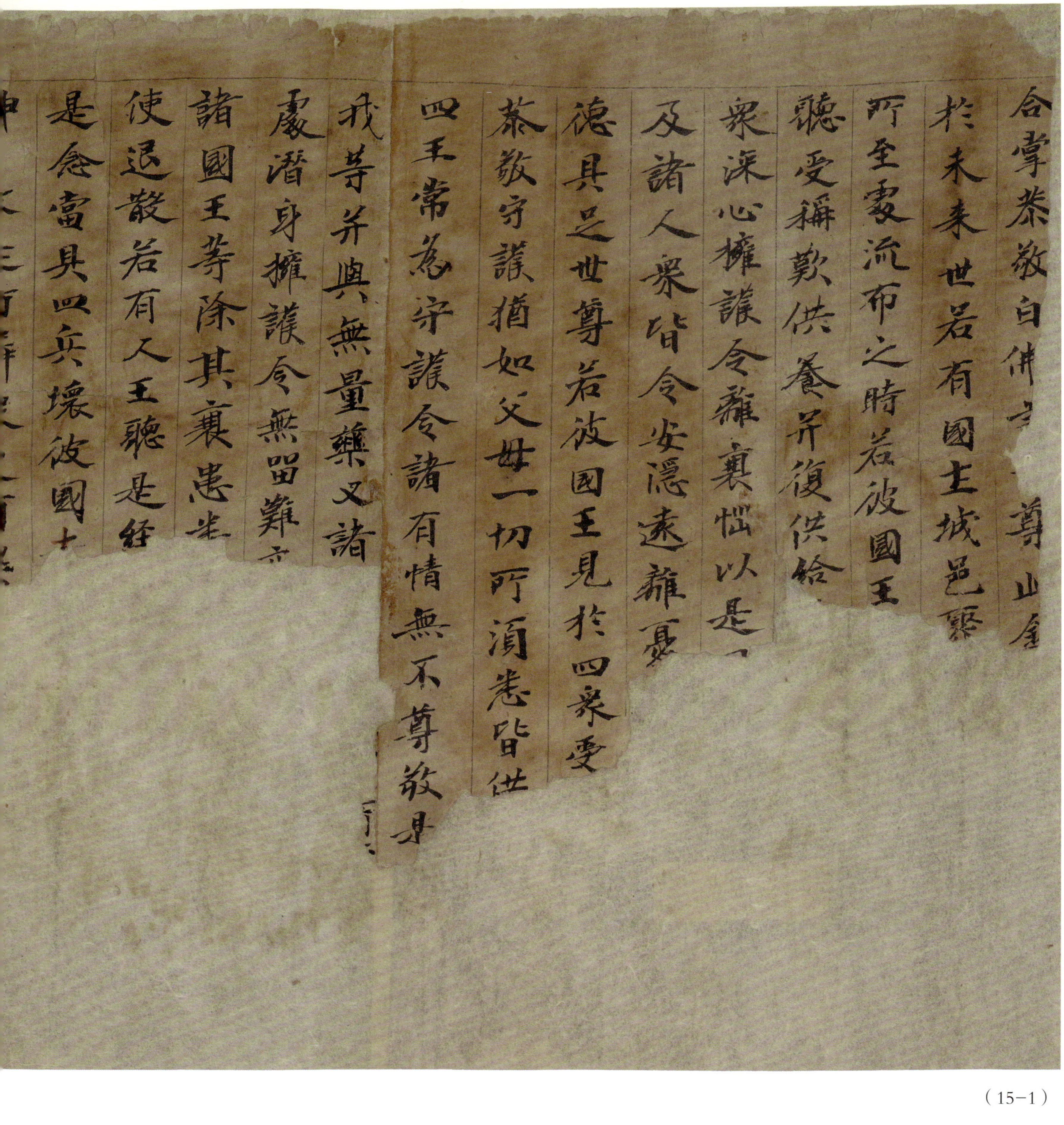

合掌恭敬白佛言世尊是金
於未來世若有國土城邑聚
所至處流布之時若彼國王
聽受稱歎供養并復供給
衆深心擁護令離衰惱以是
及諸人衆皆令安隱遠離憂
德具足世尊若彼國王見於四衆受
恭敬守護猶如父母一切所須悉皆供
四王常為守護令諸有情無不尊敬是
我等并與無量藥叉諸
處潛身擁護令無留難亦
諸國王等除其衰患悉
使退散若有人王聽是經
是念當具四兵壞彼國土
中

[illegible]
兵發向彼國欲為討罰我等尒
無量無邊藥叉諸神各自隱形
彼怨敵自然降伏尚不敢來至
得有兵戈相罰
尒時佛告四天王善哉善哉汝
誰如是經典我於過去百千[illegible]庚[illegible]
劫脩諸苦行得阿耨多羅[illegible]藐三菩提證一切
智今說是法若有人王受持是經恭敬供養
者為消衰患令其安隱亦復擁護城邑聚落
乃至怨賊悉令退散亦令一切贍部洲內所
諸王永無衰惱鬪諍之事四王當知此贍部[illegible]
洲八万四千城邑聚落八万四千諸人王[illegible]
各於其國受諸快樂皆得自在所有財[illegible]
豐足受用不相侵奪隨彼宿因而受其

BD01098　金光明最勝王經卷六

豐足受用不相侵奪隨彼宿因而受其
不起惡念貪求他國咸生少欲利樂之心
有鬪戰繫縛等苦其土人民自然受樂上下
和穆猶如水乳情相愛重歡喜遊戲慈悲謙
讓增長善根以是因緣此贍部洲安隱豐樂
人民熾盛大地沃壤寒暑調和時不乖序日
月星宿常度無虧風雨隨時離諸災橫資產
財寶皆悉豐盈心無慳鄙常行惠施具十善
業若人命終多生天上增益天衆大王若未
來世有諸人王聽受是經恭敬供養并受持
經四部之衆尊重稱讚復欲安樂饒益汝等
及諸眷屬無量百千諸藥叉衆是故彼王常
當聽受是妙經王由得聞此正法之水甘露

則為廣大希有供養供養於我釋迦牟尼應
正等覺若供養我則是供養過去未來現在
百千俱胝那庾多佛若能供養三世諸佛則
得無量不可思議功德之聚以是因緣汝等
應當擁護彼王后妃眷屬令無衰惱及宮宅
神常受安樂功德難思是諸國土所有人民
亦受種種五欲之樂一切惡事皆令消殄
尒時四天王白佛言世尊於未來世若有人
王樂聽如是金光明經為欲擁護自身后
妃王子乃至內宮諸婇女等城邑宮殿皆得
第一不可思議最上歡喜寂靜安樂於現世
中王位尊高自在昌盛常得增長復欲攝
受無量無邊難思福聚於自國土令無怨敵
及諸憂惱災厄事者世尊如是人王不應放

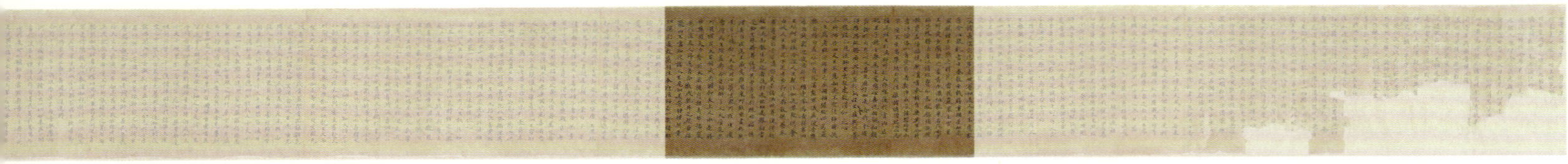

及諸憂惱災厄事者世尊如是人王不應放
逸令心散亂當生恭敬至誠慇重聽受如是
最勝經王欲聽之時先當莊嚴最上宮室
王所愛重顯敞之處香水灑地散衆名花安置
師子殊勝法座以諸珎寶而為挍飾張施種
種寶蓋幢幡燒無價香奏諸音樂其王尒時
當淨澡浴以香塗身著新淨衣及諸瓔珞坐小
卑座不生高舉捨自在位離諸憍慢端心正念
聽是經王於法師所起大師想復於宮内后
妃王子婇女眷屬生慈愍心喜悅相視和顔
耎語於自身心大喜充遍作如是念我今獲
得難思殊勝廣大利益於此經王盛興供養
既敷設已見法師至當起虔敬渴仰之心
尒時佛告四天王不應如是不迎法師時彼

步出城闕迎彼法師最想處恭為吉祥事四
王以何因緣令彼人王親作如是恭敬供養
由彼人王舉足下足步步即是恭敬供養承
事尊重百千万億那庾多諸佛世尊復得超
越如是劫數生死之苦復於來世如是數劫當
受輪王殊勝尊位隨其步步亦於現世福德
增長自在為王感應難思衆所欽重當於無
量百千億劫人天受用七寶宮殿所在生處
常得為王增益壽命言詞辯了人天信受無
所畏懼有大名稱咸共瞻仰天上人中受勝
妙樂獲大力勢有大威德身相奇妙端嚴
無比值天人師遇善知識成就具足無量福
聚四王當知彼諸人王見如是等種種無量
功德利益故應自往奉迎法師若一踰繕那

BD01098　金光明最勝王經卷六

聚四王當知彼諸人王見如是等種種無量
功德利益故應自往奉迎法師若一踰繕那
乃至百千踰繕那於說法師應生佛想還至
城已作如是念今日釋迦牟尼如來應正等
覺入我宮中受我供養為我說法我聞法已
即於阿耨多羅三藐三菩提不復退轉即是
值遇百千万億那庾多諸佛世尊我於今日
即是種種廣大殊勝上妙樂具供養過去未
來現在諸佛我於今日即是永拔琰摩王界地
獄餓鬼傍生之苦便為已種無量百千万
億轉輪聖王釋梵天主善根種子當令無量
百千万億衆生出生死苦得涅槃樂積集無
量無邊不可思議福德之聚後宮眷屬及諸
人民皆蒙安隱國土清泰無諸災厄毒害惡
[illegible]

妙經典苾芻苾芻尼鄔波索迦鄔波斯迦供
養恭敬尊重讚歎所獲善根先以勝福施與
汝等及諸眷屬彼之人王有大福德善業因
緣於現世中得大自在增益威光吉祥妙相
皆悉莊嚴一切怨敵能以正法而摧伏之
尒時四天王白佛言世尊若有人王能作如
是恭敬正法聽此經王并於四衆持經之人恭
敬供養尊重讚歎時彼人王欲為我等生
歡喜故當在一邊近於法座香水灑地散衆
名花安置處所設四王座我與彼王共聽正
法其王所有自利善根亦以福分施及我等
世尊時彼人王請說法者昇座之時便為我
等燒衆名香供養是經世尊時彼香烟於一
念頃上昇虛空即至我等諸天宮殿於虛空

念頃上昇虛空即至我等諸天宮殿於虛空
中變成香蓋我等天衆聞彼妙香香有金光
照曜我等所居宮殿乃至梵宮及以帝釋大
辯才天大吉祥天堅牢地神正了知大將二十
八部諸藥叉神大自在天金剛密主寶賢大
將訶利底母五百眷屬無熱惱池龍王大海
龍王所居之處世尊如是等衆於自宮殿見
彼香烟一刹那頃變成香蓋聞香芬馥覩色
光明遍至一切諸天神宮佛告四天王是香光
明非但至此宮殿變成香蓋放大光明 由
彼人王手執香爐燒衆名香供養經時其香
烟氣於一念頃遍至三千大千世界百億日
月百億妙高山王百億四洲於此三千大千
世界一切天龍藥叉

而住種種香烟變成雲蓋其蓋金色普照
天宮如是三千大千世界所有種種香雲香蓋
皆是金光明最勝王經威神之力是諸人王
手持香爐供養經時種種香氣非但遍此三
千大千世界於一念頃亦遍十方無量無邊
恒河沙等百千万億諸佛國土於諸佛上虛
空之中變成香蓋金色普照亦復如是時彼
諸佛聞此妙香覩斯雲蓋及以金色於十方
界恒河沙等諸佛世尊現神變已彼諸世
尊悉共觀察異口同音讚法師曰善哉善哉
汝大丈夫能廣流布如是甚深微妙經典則
為成就無量無邊不可思議福德之聚若有
聽聞如是經者所獲功德其量甚多何況書
寫受持讀誦為他敷演如說修行何以故善

暫聞如是經者所獲功德其量甚多何況書
寫受持讀誦為他敷演如說修行何以故善
男子若有衆生聞此金光明最勝王經者即
於阿耨多羅三藐三菩提不復退轉
尒時十方有百千俱胝那庾多無量無數恒
河沙等諸佛刹土彼諸刹土一切如來異口同
音於法座上讚彼法師言善哉善哉善男子
汝於來世以精勤力當修無量百千苦行具
足資糧超諸聖衆出過三界為最勝尊當坐
菩提樹王之下殊勝莊嚴能救三千大千
世界有緣衆生善能摧伏可畏形儀諸魔軍
衆覺了諸法最勝清淨甚深無上正等菩提
善男子汝當坐於金剛之座轉於無上諸佛
所讚十二妙行甚深法輪能擊無上最大法
鼓

斷無量煩惱怨結能令無量百千万億那庾
多有情度於無涯可畏大海解脫生死無際
輪迴值遇無量百千万億那庾多佛
尒時四天王復白佛言世尊是金光明最勝王
經能於未來現在成就如是無量功德是
故人王若得聞是微妙經典即是已於百千
万億無量佛所種諸善根於彼人王我當擁
念復見無量福德利故我等四王及餘眷屬
無量百千万億諸神於自宮殿見是種種香
烟雲蓋神變之時我當隱蔽不現其身為聽
法故當至是王清淨嚴飾所止宮殿講法之
處如是乃至梵宮帝釋大辯才天大吉祥天堅
牢地神正了知神大將二十八部諸藥叉神
大自在天金剛密主寶賢大將訶利底母

大自在天金剛蜜主寶賢大將訶利底母
五百眷屬無熱池龍王大海龍王無量百千
万億那庾多諸天藥叉如是等衆為聽法故
皆不現身至彼人王殊勝宮殿莊嚴高座説
法之所世尊我等四王及餘眷屬藥叉諸神
皆當一心共彼人王為善知識因是無上大
法施主以甘露味充足於我是故我等當護
是王除其衰患令得安隱及其宮殿城邑國
土諸惡災變悉令消滅尒時四天王俱共合
掌白佛言世尊若有人王於其國土雖有此
經未嘗流布心生捨離不樂聽聞亦不供養
尊重讃歎見四部衆持經之人亦復不能尊
重供養遂令我等及餘眷屬無量諸天不

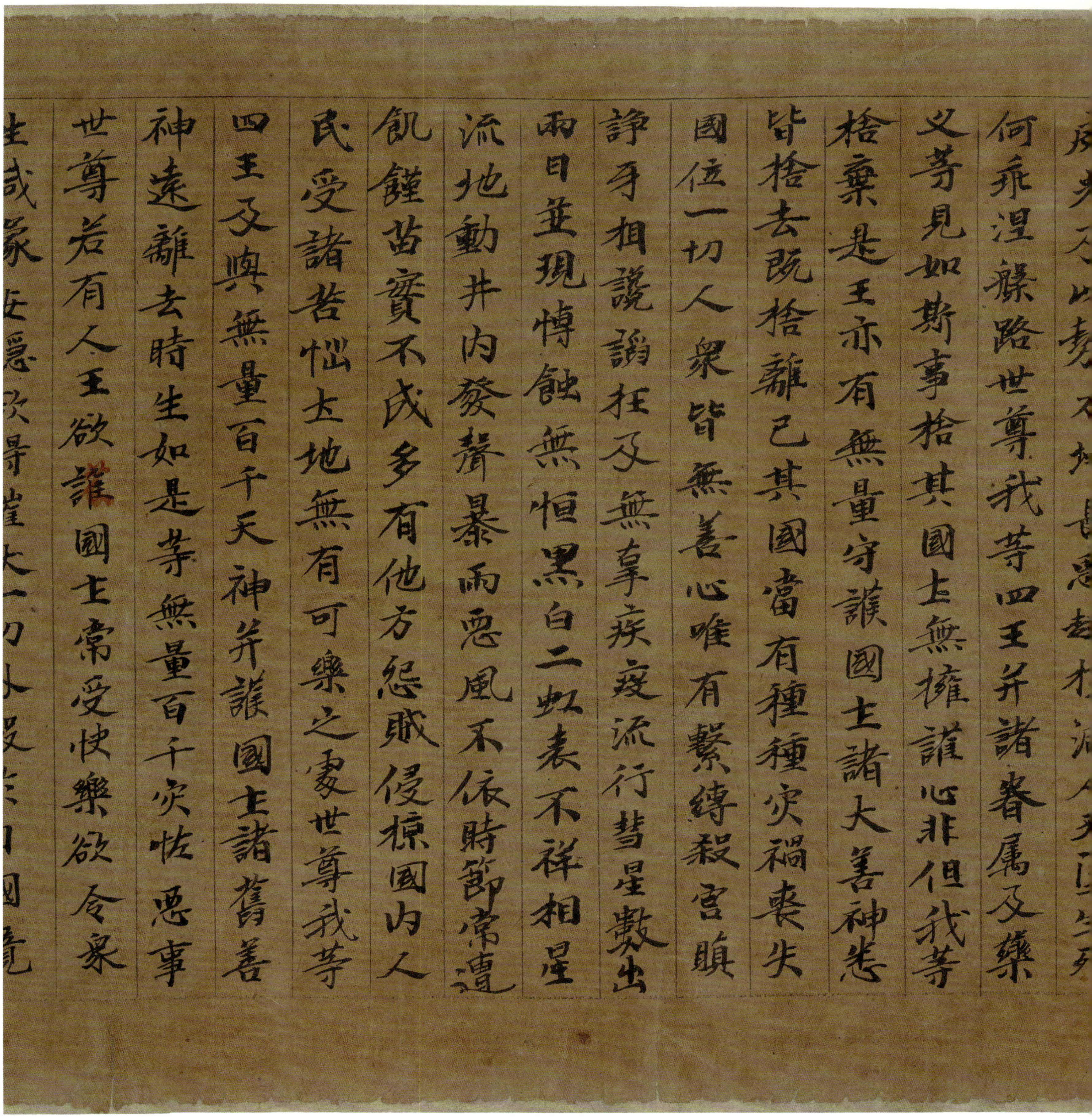

處共天以勢不增長惡趣損減人天墮生死

何乖涅槃路世尊我等四王并諸眷屬及藥

叉等見如斯事捨其國土無擁護心非但我等

捨棄是王亦有無量守護國土諸大善神悉

皆捨去既捨離已其國當有種種災禍喪失

國位一切人眾皆無善心唯有繫縛殺害瞋

諍互相讒諂枉及無辜疾疫流行彗星數出

兩日並現博蝕無恒黑白二虹表不祥相星

流地動井內發聲暴雨惡風不依時節常遭

飢饉苗實不成多有他方怨賊侵掠國內人

民受諸苦惱土地無有可樂之處世尊我等

四王及與無量百千天神并護國土諸舊善

神遠離去時生如是等無量百千災怪惡事

世尊若有人王欲護國土常受快樂欲令眾

生咸蒙安隱欲得摧伏一切外敵於自國境

BD01098　金光明最勝王經卷六

[illegible]

世尊若有人王欲護國土常受快樂欲令衆

生咸蒙安隱欲得摧伏一切外敵於自國境

永得昌盛欲令正教流布世間苦惱惡法皆

除滅者世尊是諸國王必當聽受是妙經王

亦應恭敬供養讀誦受持經者我等及餘無

量天衆以是聽法善根威力得服無上甘露

法味增益我等所有眷屬并餘天神皆得勝

利何以故以是人王至心聽受是經典故世

尊如大梵天於諸有情常為宣說世出世

論帝釋復說種種諸論五通神仙亦說諸論

世尊梵天帝釋五通仙人雖有百千俱胝那

庾多無量諸論然佛世尊慈悲哀愍為人天

衆說金光明微妙經典比前所說勝彼百千

[illegible]

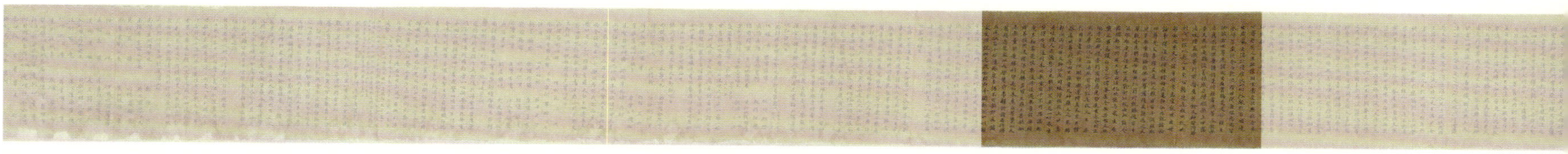

樂之事為護自身及諸眷屬令無苦惱又無
他方怨賊侵害所有諸惡悉皆遠去亦令國土
灾厄屏除化以正法無有諍訟是故人王 各
於國土當然法炬明照無邊增益天衆并諸
眷屬世尊我等四王無量天神藥叉之衆贍
部洲内所有天神以是因緣得服無上甘露
法味獲大威德勢力光明無不具足一切衆生
皆得安隱復於來世無量百千不可思議那
庾多劫常受快樂復得值遇無量諸佛種
諸善根然後證得阿耨多羅三藐三菩提如
是無量無邊勝利皆是如來應正等覺以大
慈悲過梵衆以大智慧俞帝釋修諸苦行勝
五通仙百千万億那庾多倍不可稱計為 諸
衆生演說如是微妙經典令贍部洲一切國

BD01098 金光明最勝王經卷六

之道俱百千萬億那庾多億不可稱計為諸
衆生演說如是微妙経典令贍部洲一切國
主及諸人衆明了世間所有法式治國化人勸
導之事由此経王流通力故普得安樂此等
福利皆是釋迦大師於此経典廣為流通慈
悲力故世尊以是因縁諸人王等皆應受持供
養恭敬尊重讚歎此妙経王何以故以如
是等不可思議殊勝功德利益一切是故名
曰最勝経王
尒時世尊復告四天王汝等四王及餘眷屬無
量百千倶胝那庾多諸天大衆見彼人王若
能至心聽是経典供養恭敬尊重讚歎者
應當擁護除其衰患能令汝等亦受安樂若
四部衆能廣流布是経王者於人天中廣作
佛事普能利益無量衆生

彼身心寂靜安樂於此經王廣宣流布令不
斷絕利益有情盡未來際
尒時多聞天王從座而起白佛言世尊我有如
意寶珠陁羅尼法若有衆生樂受持者功德
無量我常擁護令彼衆生離苦得樂能成
神智二種資糧欲受持經者先當誦此護身之
呪即說呪曰
南謨薜室囉末拏也莫訶曷羅闍也 但是也上之字皆須引聲
怛姪他 囉囉囉 矩怒矩怒
區怒區怒 窶怒窶怒 颯縛颯縛
羯囉羯囉 莫訶毗羯喇麼 莫訶毗羯喇麼
莫訶曷囉社 曷洛叉曷洛叉 覩漫 自稱己名
薩婆薩埵難者 莎訶 此之二字皆長引聲
世尊誦此呪者當以白線呪之七遍一遍一結

BD01098 金光明最勝王經卷六

薩婆薩埵難者 莎訶長引聲
世尊誦此呪者當以白線呪之七遍一遍一結
繫之肘後其事必成應取諸香所謂安息
旃檀龍腦蘇合多揭羅董陸皆須等分和
合一處手執香爐燒香供養清淨澡浴著鮮
潔衣於一靜室可誦神呪
請我薜室囉末拏天王即說呪曰
南謨薜室羅 末拏引也 南謨檀那馱也
檀泥說羅引也 阿揭擔 阿鉢唎須多
檀泥說囉鉢囉麼 迦留尼迦
薩婆薩埵呬多振多 麼麼已名檀那
末拏鉢唎拽擔 碎闍摩揭擔 莎訶
此呪誦滿一七遍已次誦本呪欲誦呪時先當
稱名敬礼三寶及薜室羅末拏大王能施財
物令諸[illegible]

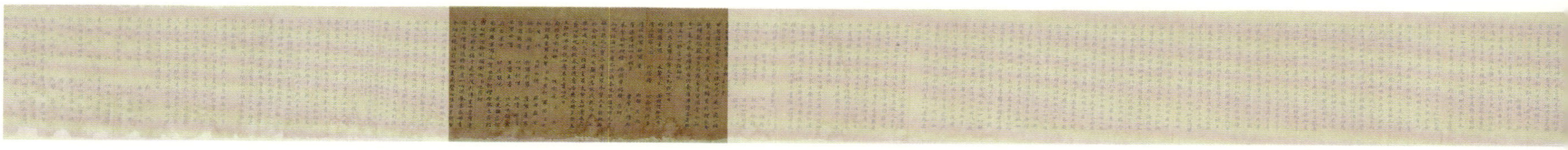

[illegible]說薛室羅末拏王如意末尼
寶心神呪能施衆生隨意安樂尒時多聞天
王即於佛前說如意末尼寶心呪曰
南謨曷喇怛娜 怛喇夜 引 也
南謨薛室羅末拏 引 也 莫訶 囉闍 引 也
怛姪他 四須四須 蘇母蘇母
旃荼旃荼 折羅折羅 薩囉薩囉
羯囉羯囉 枳哩枳哩 矩嚕矩嚕
母嚕母嚕 主嚕主嚕 娑大也頻貪
我名某甲 眤店頻他 達達覩莎訶
南謨薛室囉末拏也莎訶 檀那䭾也莎訶
曼奴喇他鉢喇脯喇迦 引 也莎訶
受持呪時先誦千遍然後於淨室中瞿摩塗
地作小壇場隨時飲食一心供養常然妙香
令烟不絕誦前心呪晝夜繫心唯自耳聞勿

BD01098 金光明最勝王經卷六

令烟不絶誦前心呪晝夜繫心唯自耳聞勿
令他解時有薛室囉末拏王子名禪膩師現
童子形来至其所問言何故須喚我父即可
報言我為供養三寶事須財物顧當施与時
禪膩師聞是語已即還父所白其父言今有
善人發至誠心供養三寶少之財物為斯請
召其父報曰汝可速去日日与彼一百迦利沙
波拏此是根本梵音唯目貝齒而隨方不定或是貝齒或是金銀銅鐵等錢然摩揭陁現今通用一迦利沙波拏有一千六百貝齒總數可以准知若准物直随處不定若人持呪得成就者獲物之時自知其數有本云每日与一百陳那羅即金錢也乃至盡形日日常得西方求者多有神驗除不至心也
其持呪者見相已知事得成常須獨處淨
室燒香而卧可於牀邊置一香篋每至天曉
觀其篋中獲所求物每得物時當日即須供
養三寶……

[illegible]
之心若起瞋者即失神驗常可護心勿令瞋恚
又持此呪者於每日中憶我多聞天王及男
女眷屬稱揚讚歎恒以十善共相資助令彼天
等福力增明衆善普臻證菩提處彼諸天
衆見是事已皆大歡喜共來擁衛持呪之人
又持呪者壽命長遠經無量歲永離三塗常
無灾厄亦令獲得如意寶珠及以伏藏神通
自在所願皆成若求官榮無不稱意亦解一
切禽獸之語
世尊若持呪時欲得見我自身現者可於月
八日或十五日於白疊上畫佛形像當用木
膠雜彩莊飾其畫像人為受八戒於佛左邊
作吉祥天女像於佛右邊作我多聞天像并
畫男女眷屬之類安置坐處咸令如法布列

BD01098　金光明最勝王經卷六

作吉祥天女像於佛右邊作多聞天像并
畫男女眷屬之類安置坐處咸令如法布烈
花彩燒衆名香然燈續明晝夜無歇上妙飲
食種種珎奇發慇重心隨時供養受持神呪
不得輕心請召我時應誦此呪
南謨室唎健娜也　勃陁引也
南謨薜室囉末拏也　藥叉囉闍引也
莫訶囉闍　阿地囉闍也
南麼室唎耶襄　莫訶提鞞引襄
怛姪　他　怛囉怛囉咄嚕咄嚕
末囉末　囉　窣寧吐窣寧吐
漢娜漢　娜　末尼羯諾迦
跋折囉薜瑠璃也　目底迦楞　訖㗚多
設唎　囉　襄　蒲引薩婆薩　壊

毉呬毉呬磨呲藍婆　瞿嘌拏　瞿嘌拏
袜（麻八反）喇婆袜喇婆　達馱呬　麼　麼
阿目迦那末寫（自稱已名）　達哩設那迦末寫
達哩設　南　麼　麼　末　那
鉢喇曷羅大也　莎訶
世尊我若見此誦呪之人復見如是威與供
養即生慈愛歡喜之心我即變身作小兒形
或作老人苾蒭之像手持如意末尼寶珠并持
金囊入道場内身現恭敬口稱佛名語持呪者
日隨汝所求皆令如願或隱林藪或造寶珠或
欲衆人愛寵或求金銀等物欲持諸呪皆令
有驗或欲神通壽命長遠及勝妙樂無不稱心我
今且說如是之事若更求餘皆隨所願悉得成
就寶藏無盡功德無窮假使日月墜墮于地或

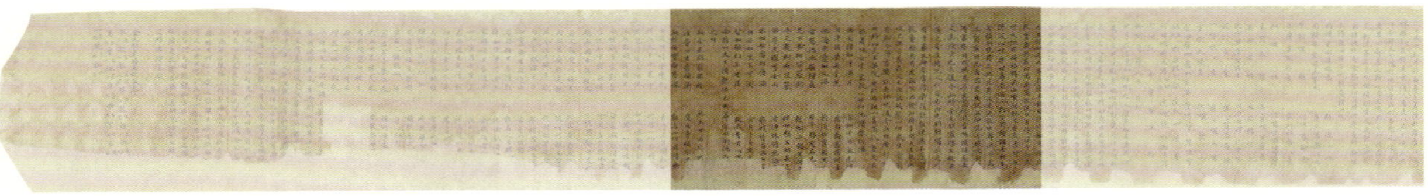

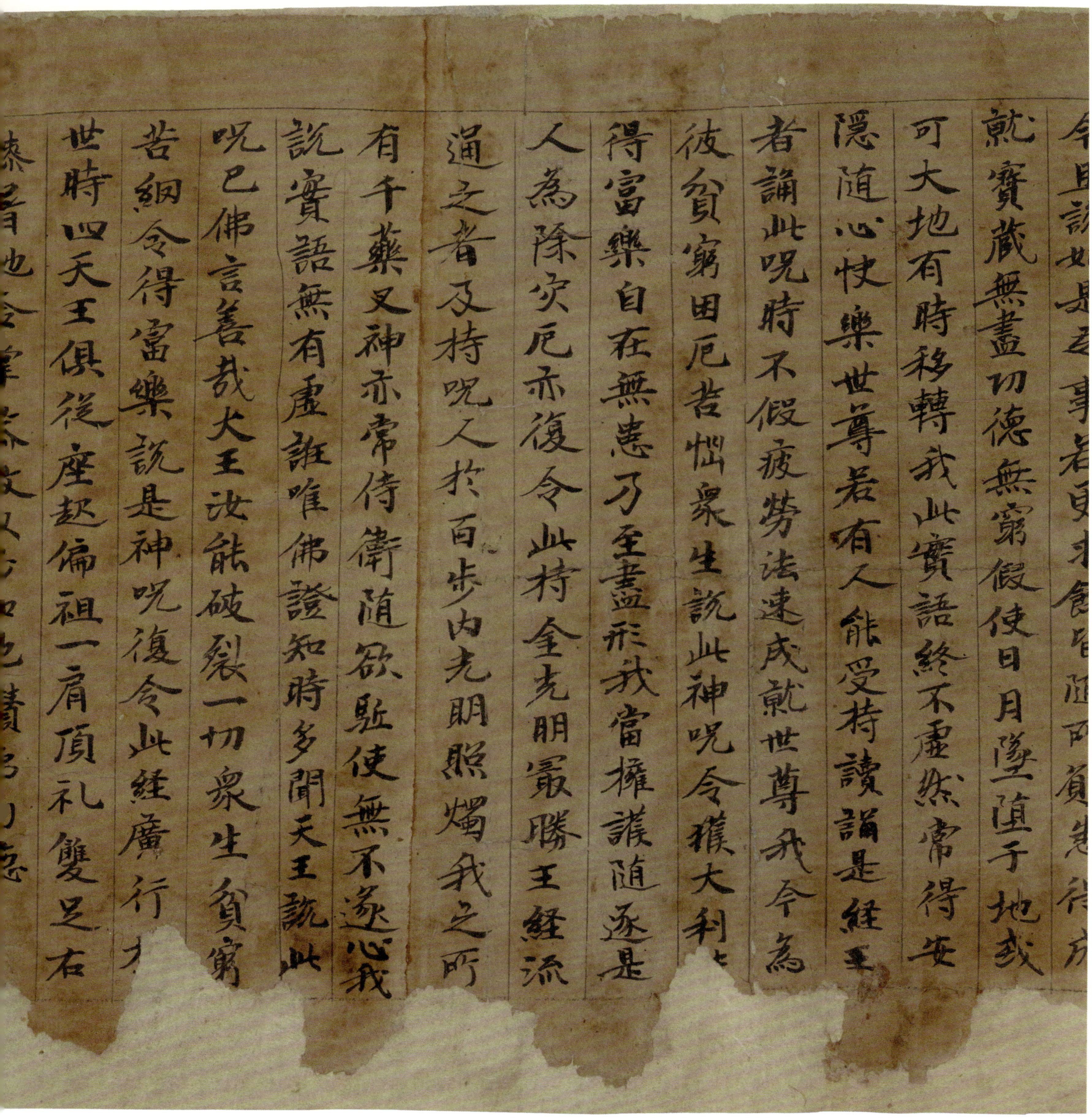

令且設如是之事若有求食皆隨所須悉得充
就寶藏無盡功德無窮假使日月墜墮于地或
可大地有時移轉我此實語終不虛然常得安
隱隨心快樂世尊若有人能受持讀誦是經王
者誦此呪時不假疲勞法速成就世尊我今為
彼貧窮困厄苦惱衆生說此神呪令獲大利
得富樂自在無患乃至盡形我當擁護隨逐是
人為除灾厄亦復令此持金光明最勝王經流
通之者及持呪人於百步內光明照燭我之所
有千藥叉神亦常侍衛隨欲驅使無不遂心我
說實語無有虛誑唯佛證知時多聞天王說此
呪已佛言善哉大王汝能破裂一切衆生貧窮
苦網令得富樂說是神呪復令此經廣行於
世時四天王俱從座起偏袒一肩頂礼雙足右
膝著地合掌

佛面猶如淨滿月　亦如千日放光明
目淨脩廣若青蓮　齒白齊密猶珂雪
佛德無邊如大海　無限妙寶積其中
智慧德水鎮恒盈　百千勝定咸充
足下輪相皆嚴飾　轂輞千輻悉齊平
手足鞔網遍莊嚴　猶如鵝王相具足
佛身光曜等金山　清淨殊特無倫
亦如妙高功德滿　故我稽首佛山王
相好如空不可測　逾於千月放
皆如焰幻不思議　故我稽首心無
尒時四天王讚歎佛已世尊亦以伽他而
之曰
此金光明最勝經　無上十力之所
汝等四王常擁衛　應生勇猛不退
此妙經寶極甚深　能与一切有情樂

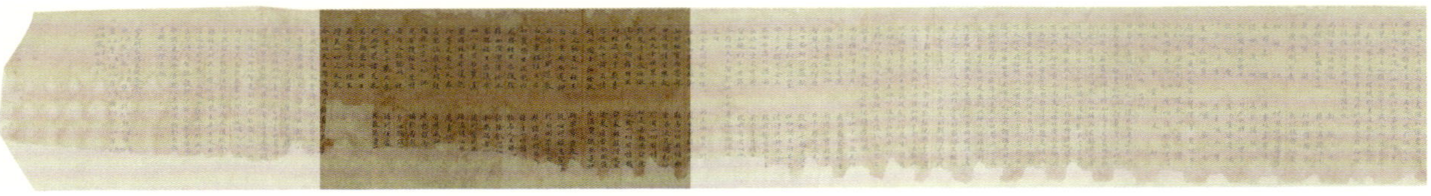

汝等四王當擁衛　及[illegible]眷屬[illegible]

此妙經寶極甚深　能与一切有情樂

由彼有情安樂故　常得流通贍部洲

於此大千世界中　所有一切有情[illegible]

餓鬼傍生及地獄　如是苦趣悉皆除

住此南洲諸國王　及餘一切有情類

由經威力常歡喜　皆蒙擁護得安寧

亦使此中諸有情　除衆病苦無賊盜

賴此國土弘經故　安隱豐樂無違惱

若人聽受此經王　欲求尊貴及財[illegible]

國土豐樂無違諍　隨心所願悉皆[illegible]

能令他方賊退散　於自國界常[illegible]

由此最勝經王力　離諸苦惱無[illegible]

如寶樹王在宅內　能生一切諸[illegible]

[illegible]

最勝經王亦復然　令樂福者心…

如人室有妙寶篋　隨所受用悉…

最勝經王亦復然　福德隨心無…

汝等天主及天衆　應當供…

若能依教奉持經　智慧威神…

現在十方一切佛　咸共護念…

見有讀誦及受持　稱歎善哉…

若有人能聽此經　身心踊躍…

常有百千藥叉衆　隨所住處…

於此世界諸天衆　其數無量…

悉共聽受此經王

若人聽受此經王

增益一切人天衆

尒時四天王聞是頌已歡喜踊躍白…

BD01098　金光明最勝王經卷六

尒時四天王聞是頌已歡喜踊躍白
尊我從昔来未曾得聞如是甚深微
心生悲喜涕淚交流舉身戰動證
希有之事以天曼陁羅花摩訶曼陁羅
佛上作是殊勝供養佛已白佛言世尊我
四王各有五百藥叉眷屬常當處處擁護
経及說法師以智光明而為助衛若於此
所有句義忘失之處我皆令彼憶念不忘
与陁羅尼殊勝法門令得具足復欲令
勝経王所在之處為諸衆生廣宣流布
隱沒尒時世尊於大衆中說是法時無
生皆得大智聰叡辯才攝受無量福德
離諸憂惱發喜樂心善明衆論登出離
退轉速證菩提

金光明最勝王經卷第六

胑陟尸　敞昌兩　敵亭歷從又　整征郢　㲉口見　蝕乘力　掠良灼

窶劬雉　麼摩可　颯蘇合　薩薄閑　撦車者　拏女加　窣孫骨

呬虛致　藐未般　叡以芮

BD01099

金剛般若波羅蜜經

（後秦）鳩摩羅什 譯

104cm × 25.5cm

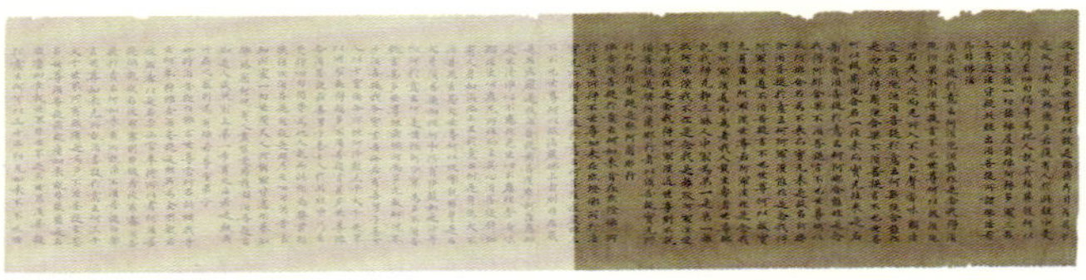

提言甚多世尊何以故是福德即非福德性
是故如来說福德多若復有人於此經中受
持乃至四句偈等為他人說其福勝彼何以
故須菩提一切諸佛及諸佛阿耨多羅三藐
三菩提法皆從此經出須菩提所謂佛法者
即非佛法
須菩提於意云何須陁洹能作是念我得須
陁洹果不須菩提言不也世尊何以故須陁
洹名為入流而无所入不入色聲香味觸法
是名須陁洹須菩提於意云何斯陁含能作
是念我得斯陁含果不須菩提言不也世尊
何以故斯陁含名一往来而實无往来是名
斯陁含須菩提於意云何阿那含能作是念

我得阿那含果不須菩提言不也世尊何以
故阿那含名為不來而實无來是故名阿那
含須菩提於意云何阿羅漢能作是念我得
阿羅漢道不須菩提言不也世尊何以故實
无有法名阿羅漢世尊若阿羅漢作是念我
得阿羅漢道即為著我人衆生壽者世尊佛
說我得无諍三昧人中冣為第一是第一離
欲阿羅漢我不作是念我是離欲阿羅漢世
尊我若作是念我得阿羅漢道世尊則不說
須菩提是樂阿蘭那行者以須菩提實无所
行而名須菩提是樂阿蘭那行
佛告須菩提於意云何如來昔在然燈佛所
於法有所得不世尊如來在然燈佛所於法
實无所得須菩提於意云何菩薩莊嚴佛土

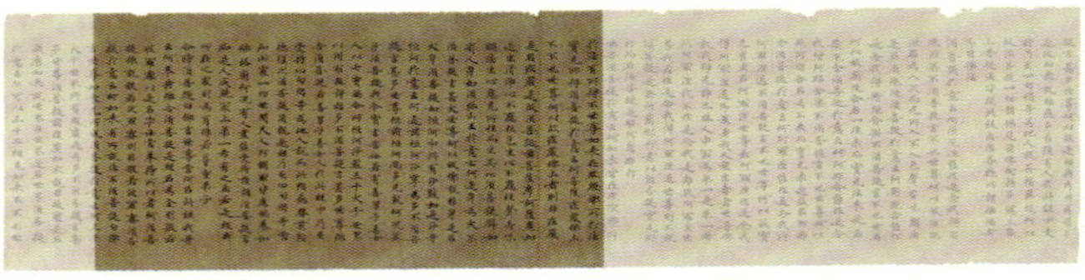

於法有所得不世尊如来在然燈佛所於法
實无所得須菩提於意云何菩薩莊嚴佛土
不不也世尊何以故莊嚴佛土者則非莊嚴
是名莊嚴是故須菩提諸菩薩摩訶薩應如
是生清淨心不應住色生心不應住聲香味
觸法生心應无所住而生其心須菩提譬如
有人身如須弥山王於意云何是身為大不
須菩提言甚大世尊何以故佛說非身是名
大身須菩提如恒河中所有沙數如是沙等
恒河於意云何是諸恒河沙寧為多不須菩
提言甚多世尊但諸恒河尚多无數何況其
沙須菩提我今實言告汝若有善男子善女
人以七寶滿爾所恒河沙數三千大千世

以用布施得福多不須菩提言甚多世尊佛
告須菩提若善男子善女人於此經中乃至
受持四句偈等為他人說而此福德勝前福
德復次須菩提隨說是經乃至四句偈等當
知此處一切世間天人阿修羅皆應供養如
佛塔廟何況有人盡能受持讀誦須菩提當
知是人成就最上第一希有之法若是經典
所在之處則為有佛若尊重弟子
尒時須菩提白佛言世尊當何名此經我等
云何奉持佛告須菩提是經名為金剛般若
波羅蜜以是名字汝當奉持所以者何須菩
提佛說般若波羅蜜則非般若波羅蜜須菩
提於意云何如来有所說法不須菩提白佛
言世尊如来無所說須菩提於意云何三千

BD01099　金剛般若波羅蜜經

提於意云何如来有所説法不須菩提白佛
言世尊如来无所説須菩提於意云何三千
大千世界所有微塵是為多不須菩提言甚
多世尊須菩提諸微塵如来説非微塵是名
微塵如来説世界非世界是名世界須菩提
於意云何可以三十二相見如来不不也世

BD01100 四分比丘尼戒本

（後秦）佛陀耶舍 譯

（唐）懷素 集

47.5cm × 28cm

四分尼戒本

稽首礼諸佛 及法比丘僧 今演毗尼法 令正法久住
戒如海无涯 如寶求无猒 欲護聖法財 衆集聽我説
欲除八弃法 及滅僧殘法 障三十捨墮 衆集聽我説
毗婆尸式弃 毗舍俱樓孫 拘那含牟尼 迦葉釋迦文
諸世尊大德 爲我説是事 我今欲善説 諸賢咸共聽
辟如人毀足 不堪有所涉 毀戒亦如是 不得生天人
欲得生天上 若生人間者 常當護戒足 勿令有毀損
如御入險道 失轄折軸憂 毀戒亦如是 死時懷恐懼
如人自照鏡 好醜生欣慼 説戒亦如是 全毀生憂喜
如兩陣共戰 勇怯有進退 説戒亦如是 淨穢生安畏
[illegible]

和合僧集會未受大戒者出（有者遣出遣已答言已出　無者答言无）不來諸比
丘尼說欲及清淨（有依法說　無答言無）僧今和合何所作為（答云說戒羯磨）
大姊僧聽今十五日衆僧說戒若僧時到僧忍
聽和合說戒白如是
諸大姊我今欲說波羅提木叉戒汝等諦聽善
心念之若自知有犯者即應自懺悔不犯者默然
默然者知諸大姊清淨若有他問者亦如是答如
是比丘尼在於衆中乃至三問憶念有罪不懺悔
者得故妄語罪故妄語者佛說障道法若彼
比丘尼憶念有罪欲求清淨者應懺悔懺悔得
安樂諸大姊我已說戒經序今問諸大姊是中
清淨不（如是至三）諸大姊是中清淨嘿然故是事如是
持
諸大姊是八波羅夷法半月半月說戒經中來

BD01101 四分律比丘戒本

（後秦）佛陀耶舍 譯

（唐）懷素 集

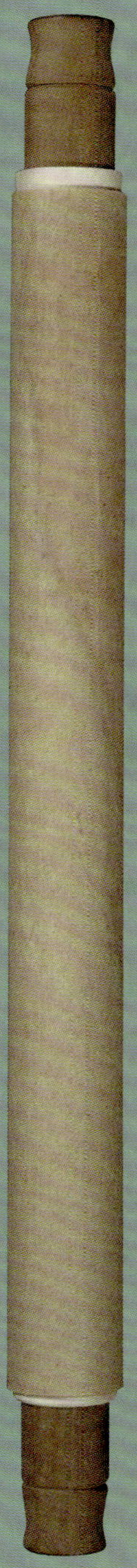

62cm × 26.8cm

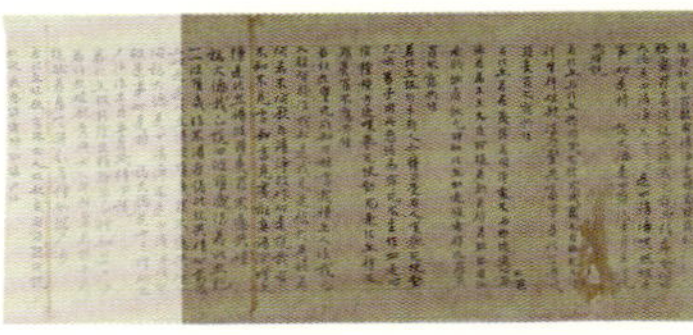

在於衆中乃至三

得故妄語罪佛說故妄語罪是障

憶念知有罪欲求清淨當發露發露則安

發露罪蓋除諸大德我已說戒經序今問諸

大德是中清淨不 如是三說 是中清淨嘿然故是

事如是持 諸大德是四棄法半月半月說

戒經說

若比丘与比丘共同戒不捨戒戒羸不自悔犯不淨

行習行婬欲法乃至共畜生是比丘得波

羅夷罪不應共住

若比丘若在聚落若閑淨處不与物恣盜心取 不隨

是賊汝癡汝無所知比丘如是盜者得波
羅夷罪不應共住
若比丘故自手斷人命持刀授與人歎譽死快勸
死咄男子用此惡活為寧死不生作如是心
思惟種種方便歎譽死快勸死是比丘得波
羅夷罪不應共住
若比丘實無所知自稱言我得上人法我已
入聖智勝法我知是我見是彼於異時若
問若不問欲自清淨故作如是說我實
不知不見言知言見虛誑妄語除增上
慢是比丘得波羅夷罪不應共住
諸大德我已說四波羅夷法若比丘犯
一一波羅夷法不得與諸比丘共住如前後
亦如是是比丘得波羅夷罪不應共住今

二波羅夷法不得与諸比丘共住如前後
之如是是比丘得波羅夷罪不應共住今
問諸大德是中清淨不是中清淨默然
故是事如是持 諸大德是十三僧伽婆
尸沙法半月半月戒經中說
若比丘故弄陰出精除夢中僧伽婆尸沙
若比丘婬欲意與女人身相觸若捉手若
捉髮若觸一一身分者僧伽婆尸沙
若比丘婬欲意與女人婬欲麤惡語隨所說
婬欲麤惡語者僧伽婆尸沙

BD01102 金剛般若波羅蜜經

（後秦）鳩摩羅什 譯

164.2cm × 25.6cm

心不可得須菩提於意云何若有人滿三千
大千世界七寶以用布施是人以是因緣得
福多不如是世尊此人以是因緣得福甚多
須菩提若福德有實如來不說得福德多以
福德无故如來說得福德多
須菩提於意云何佛可以具足色身見不不
也世尊如來不應以具足色身見何以故如來說
具足色身即非具足色身是名具足色身須
菩提於意云何如來可以具足諸相見不不
也世尊如來不應以具足諸相見何以故如
來說諸相具足即非具足是名諸相具足須
菩提汝勿謂如來作是念我當有所說法莫
作是念何以故若人言如來有所說法即爲

謗佛不能解我所説故須菩提説法者无法
可説是名説法須菩提白佛言世尊佛得阿
耨多羅三藐三菩提爲无所得耶如是如是
須菩提我於阿耨多羅三藐三菩提乃至无
有少法可得是名阿耨多羅三藐三菩提復
次須菩提是法平等无有高下是名阿耨多
羅三藐三菩提以无我无人无衆生无壽者
脩一切善法則得阿耨多羅三藐三菩提須
菩提所言善法者如來説非善法是名善法
須菩提若三千大千世界中所有諸須弥山
王如是等七寶聚有人持用布施若人以此
般若波羅蜜經乃至四句偈等受持讀誦爲
他人説於前福德百分不及一百千万億分乃至
算數譬喻所不能及

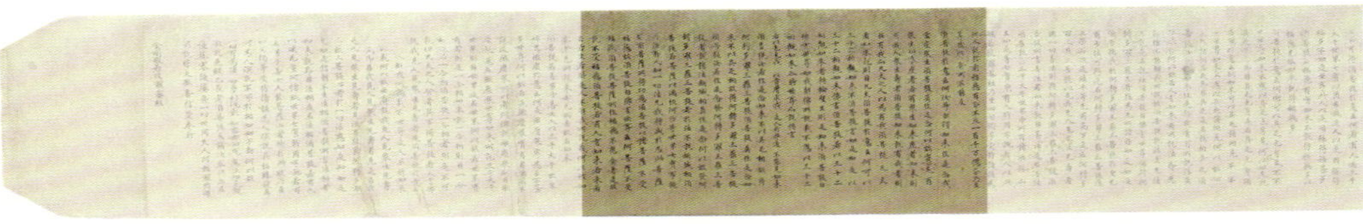

他人說於前福德百分不及一百千万億分乃至
筭數譬喻所不能及
須菩提於意云何汝等勿謂如来作是念我
當度衆生須菩提莫作是念何以故實无有
衆生如来度者若有衆生如来度者如来則
有我人衆生壽者須菩提如来說有我者則
非有我而凡夫之人以為有我須菩提凡夫
者如来說則非凡夫須菩提於意云何可以
三十二相觀如来不須菩提言如是如是以
三十二相觀如来佛言須菩提若以三十二
相觀如来者轉輪聖王則是如来須菩提白
佛言世尊如我解佛所說義不應以三十二
相觀如来爾時世尊而說偈言

若以色見我 以音聲求我 是人行邪道 不能見如來
須菩提汝若作是念如來不以具足相故得
阿耨多羅三藐三菩提須菩提莫作是念如
來不以具足相故得阿耨多羅三藐三菩提
須菩提汝若作是念發阿耨多羅三藐三菩
提者說諸法斷滅相莫作是念何以故發阿
耨多羅三藐三菩提者於法不說斷滅相須
菩提若菩薩以滿恒河沙等世界七寶布施
若復有人知一切法无我得成於忍此菩薩
勝前菩薩所得功德須菩提以諸菩薩不受
福德故須菩提白佛言世尊云何菩薩不受
福德須菩提菩薩所作福德不應貪著是故
說不受福德須菩提若有人言如來若來若
去若坐若卧是人不解我所說義何以故如

說不受福德須菩提若有人言如來若來若
去若坐若臥是人不解我所說義何以故如
來者无所從來亦无所去故名如來
須菩提若善男子善女人以三千大千世界
碎為微塵於意云何是微塵衆寧為多不甚
多世尊何以故若是微塵衆實有者佛則不
說是微塵衆所以者何佛說微塵衆則非微
塵衆是名微塵衆世尊如來所說三千大千
世界則非世界是名世界何以故若世界實
有者則是一合相如來說一合相則非一合
相是名一合相須菩提一合相者則是不可
說但凡夫之人貪著其事須菩提若人言佛
說我見人見衆生見壽者見須菩提於意云

人解我所說義不世尊是人不解如來
說義何以故世尊說我見人見眾生見壽
者見即非我見人見眾生見壽者見是名我
見人見眾生見壽者見須菩提發阿耨多羅
三藐三菩提心者於一切法應如是知如是
見如是信解不生法相須菩提所言法相者
如來說即非法相是名法相須菩提若有人
以滿无量阿僧祇世界七寶持用布施若有
善男子善女人發菩薩心者持於此經乃至
四句偈等受持讀誦為人演說其福勝彼云
何為人演說不取於相如如不動何以故
一切有為法　如夢幻泡影　如露亦如電　應作如是觀
佛說是經已長老須菩提及諸比丘比丘尼
優婆塞優婆夷一切世間天人阿脩羅聞佛

佛說是經已長老須菩提及諸比丘比丘尼
優婆塞優婆夷一切世間天人阿脩羅聞佛
所說皆大歡喜信受奉行

金剛般若波羅蜜經

BD01103 維摩詰所說經卷中

（後秦）鳩摩羅什 譯

930cm × 24.5cm

維摩詰言有疾菩薩應作是念今我此
皆從前世妄想顛倒諸煩惱生无有實法誰
受病者所以者何四大合故假名為
主身亦无我又此病起皆由着我是
不應生着既知病本即除我想及
當起法想應作是念但以衆法合
唯法起滅唯法滅又此法者各不相知起時
不言我起滅時不言我滅彼有疾菩薩為滅
法想當作是念此法想者亦是顛倒顛倒者
是即大患我應離之云何為離離我我所
離我我所謂離二法云何離二法謂不念內
外諸法行於平等云何平等謂我等涅槃
等所以者何我及涅槃此二皆空以何為空但
以名字故空如此二法[illegible]

以无所受而受諸受未具佛法亦不滅受而
取證也設身有苦當念悪趣衆生起大悲心
我既調伏亦當調伏一切衆生但除其病而不
除法為断病夲而教導之何謂病夲謂有攀
緣從有攀緣則有病夲何所攀緣謂之三界
云何断攀緣以无所得若无所得則无攀緣
何謂无所得謂二見何謂二見謂内見外見是
无所得文殊師利是為有疾菩薩調伏其
心為断老病死苦是菩薩菩提若不如是已
所脩治為无恵利譬如勝怨乃可為勇如是
兼除老病死者菩薩之謂也彼有疾菩薩復
應作是念如我此病非真非有衆生病亦非
真非有作是觀時於諸衆生若起愛見大悲
即應捨離所以者何菩薩断除客塵煩惱而

即應捨離所以者何菩薩斷除客塵煩惱而
起大悲愛見悲者則於生死有疲厭心若能
離此无有疲厭在在所生不爲愛見之所覆
也所生无縛能爲衆生說法解縛如佛所說
若自有縛能解彼縛无有是處若自无縛能
解彼縛斯有是處是故菩薩不應起縛何謂
縛何謂解貪着禪味是菩薩縛以方便生是
菩薩解又无方便慧縛有方便慧解无慧方
便縛有慧方便解何謂无方便慧縛謂菩薩
以愛見心莊嚴佛土成就衆生於空无相无
作法中而自調伏是名无方便慧縛何謂有
方便慧解謂不以愛見心莊嚴佛土成就衆
生於空无相无作法中以自調伏而不疲厭
是名有方便慧解何謂无慧方便縛謂菩
薩住貪欲瞋恚邪見等諸煩惱而殖衆

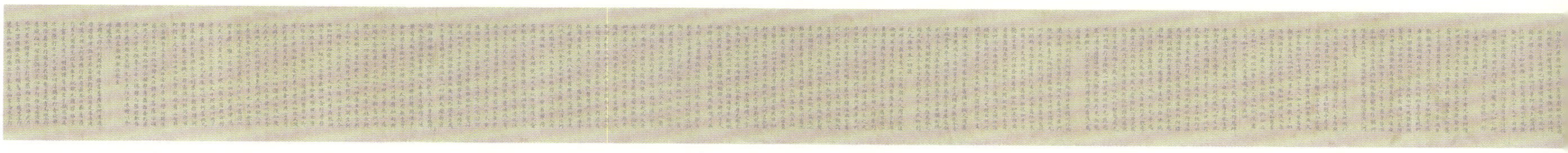

貪欲瞋恚耶見等諸煩惱而殖衆德本迴
向阿耨多羅三藐三菩提是名有慧方便解
文殊師利彼有疾菩薩應如是觀諸法又復
觀身无常苦空非我是名為慧雖身有疾常
在生死饒益一切而不厭惓是名方便又復觀
身身不離病病不離身是病是身非心非故
是名為慧設身有疾而不永滅是名方便文
殊師利有疾菩薩應如是調伏其心不住其
中亦復不住不調伏心所以者何若住不調伏
心是愚人法若住調伏心是聲聞法是故菩
薩不當住於調伏不調伏心離此二法是菩
薩行於生死不為汙行住於涅槃不永滅
度是菩薩行非凡夫行非賢聖行是菩薩
行非垢行非淨行是菩薩行雖過魔行而

度是菩薩行非凡夫行非賢聖行是菩薩
行非垢行非淨行是菩薩行雖過魔行而
現降衆魔是菩薩行求一切智无非時求是
菩薩行雖觀諸法不生而不入正位是菩薩
行雖觀十二緣起而入諸邪見是菩薩行雖
攝一切衆生而不愛著是菩薩行雖樂遠離
而不依身心盡是菩薩行雖行三界而不
法性是菩薩行雖行於空而殖衆德本是菩
薩行雖行无相而度衆生是菩薩行雖行无
作而現受身是菩薩行雖行无起而起一切
善行是菩薩行雖行六波羅蜜而遍知衆生
心心數法是菩薩行雖行六通而不盡漏是
菩薩行雖行四无量心而不貪著生於梵世
是菩薩行雖行禪定解脫三昧而不隨禪生
[illegible]

是菩薩行雖行四正勤而不捨身心精
菩薩行雖行四如意足而得自在神通是菩
薩行雖行五根而分別衆生諸根利鈍是菩
薩行雖行五力而樂求佛十力是菩薩行雖
行七覺分而分別佛之智慧是菩薩行雖行
八正道而樂行无量佛法是菩薩行雖行止
觀助道之法而不畢竟墮於寂滅是菩薩行
雖行諸法不生不滅而以相好莊嚴其身是
菩薩行雖現聲聞辟支佛威儀而不捨佛法
是菩薩行雖隨諸法究竟淨相而隨所應為
現其身是菩薩行雖觀諸佛國土永寂如空
而現種種清淨佛土是菩薩行雖得佛道轉
于法輪入於涅槃而不捨於菩薩之道是菩
薩行說是語時文殊師利所將大衆其中八
千天子皆發阿耨多羅三藐三菩提心

BD01103　維摩詰所説經卷中

薩行說是語時文殊師利所將大衆其中八
千天子皆發阿耨多羅三藐三菩提心

不思議品第六

尒時舍利弗見此室中无有牀座作是念斯
諸菩薩大弟子衆當於何坐長者維摩詰知
其意語舍利弗言云何仁者為法來耶求牀
座耶舍利弗言我為法來非為牀座維摩詰
言唯舍利弗夫求法者不貪軀命何况牀座
夫求法者非有色受想行識之求非有界入
之求非有欲色无色之求唯舍利弗夫求法
者不著佛求不著法求不著衆求夫求法者
无見苦求无斷集求无造盡證脩道之求所以
者何法无戲論若言我當見苦斷集證滅脩
道是則戲論非求法也唯舍利弗法名寂滅
若行生滅是求生滅非求法也法名无染若

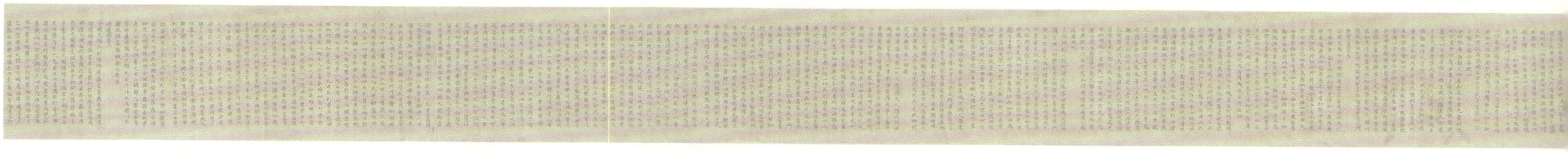

染於法乃至涅槃是則染著非求法也法无
行處若行於法是則行處非求法也法无取
捨若取捨法是則取捨非求法也法无處所
若着處所是則着處非求法也法名无相若
隨相識是則求相非求法也法不可住若
住於法是則住法非求法也法不可見聞覺
知若行見聞覺知是則見聞覺知非求法也
法名无為若行有為是求有為非求法也是
故舍利弗若求法者於一切法應无所求說
是語時五百天子於諸法中得法眼淨
尒時長者維摩詰問文殊師利仁者遊於无
量千万億阿僧祇國何等佛土有好上妙功
德成就師子之座文殊師利言居東方度卅
六恒河沙國有世界名須彌相其佛号須彌
燈王今現在彼佛身長八万四千由旬其師

士

BD01103　維摩詰所説經卷中

六恒河沙國有世界名須彌相其佛號須彌
燈王今現在彼佛身長八万四千由旬其師
子座高八万四千由旬嚴飾第一於是長者
維摩詰現神通力即時彼佛遣三万二千
師子座高廣嚴好來入維摩詰室諸菩薩大
弟子釋梵四天王等昔所未見其室廣博悉
苞容受三万二千師子座无所妨礙於毗耶離
城及閻浮提四天下亦不迫迮悉見如故尒
時維摩詰語文殊師利就師子座與諸菩薩
上人俱坐當自立身如彼坐像其得神通菩
薩即自變身為四万二千由旬坐師子座諸
新發意菩薩及大弟子皆不能昇尒時維摩
詰語舍利弗就師子座舍利弗言居士此座
高廣吾不能昇維摩詰言唯舍利弗為須
彌燈王如來作禮乃可得坐於是新發意菩

師子座舍利弗言居士未曾有也如是小室乃
容受此高廣之座於毗耶離城无所妨礙
又於閻浮提聚落城邑及四天下諸天龍王
鬼神宮殿亦不迫迮維摩詰言唯舍利弗諸
佛菩薩有解脫名不可思議若菩薩作是解
脫者以須弥之高廣內芥子中无所增減須
弥山王本相如故而四天王忉利諸天不覺
不知己之所入唯應度者乃見須弥入芥子
中是名不可思議解脫法門又以四大海水
入一毛孔不嬈魚鱉黿鼉水性之屬而彼大
海本相如故諸龍鬼神阿脩羅等不覺不知
己之所入於此衆生亦无所嬈又舍利弗住不
可思議解脫菩薩斷取三千大千世界如
陶家輪著右掌中擲過恒河沙世界之外其

BD01103　維摩詰所説經卷中

陶家輪着右掌中擲過恒河沙世界之外其
中衆生不覺不知已之所往又復還置本處
都不使人有往來想而此世界本相如故又
舍利弗或有衆生樂久住世而可度者菩薩
即演七日以爲一劫令彼衆生謂之一劫或
有衆生不樂久住而可度者菩薩即促一劫
以爲七日令彼衆生謂之七日又舍利弗住
不可思議解脫菩薩以一切佛土嚴飾之事
集在一國示於衆生又菩薩以一佛土衆生
置之右掌飛到十方遍示一切而不動本處
又舍利弗十方衆生供養諸佛之具菩薩於
一毛孔皆令得見又十方國土所有日月星
宿於一毛孔普使見之又舍利弗十方世界
所有諸風菩薩悉能吸着口中而身无損外
諸樹木亦不摧折又十方世界劫盡燒時以

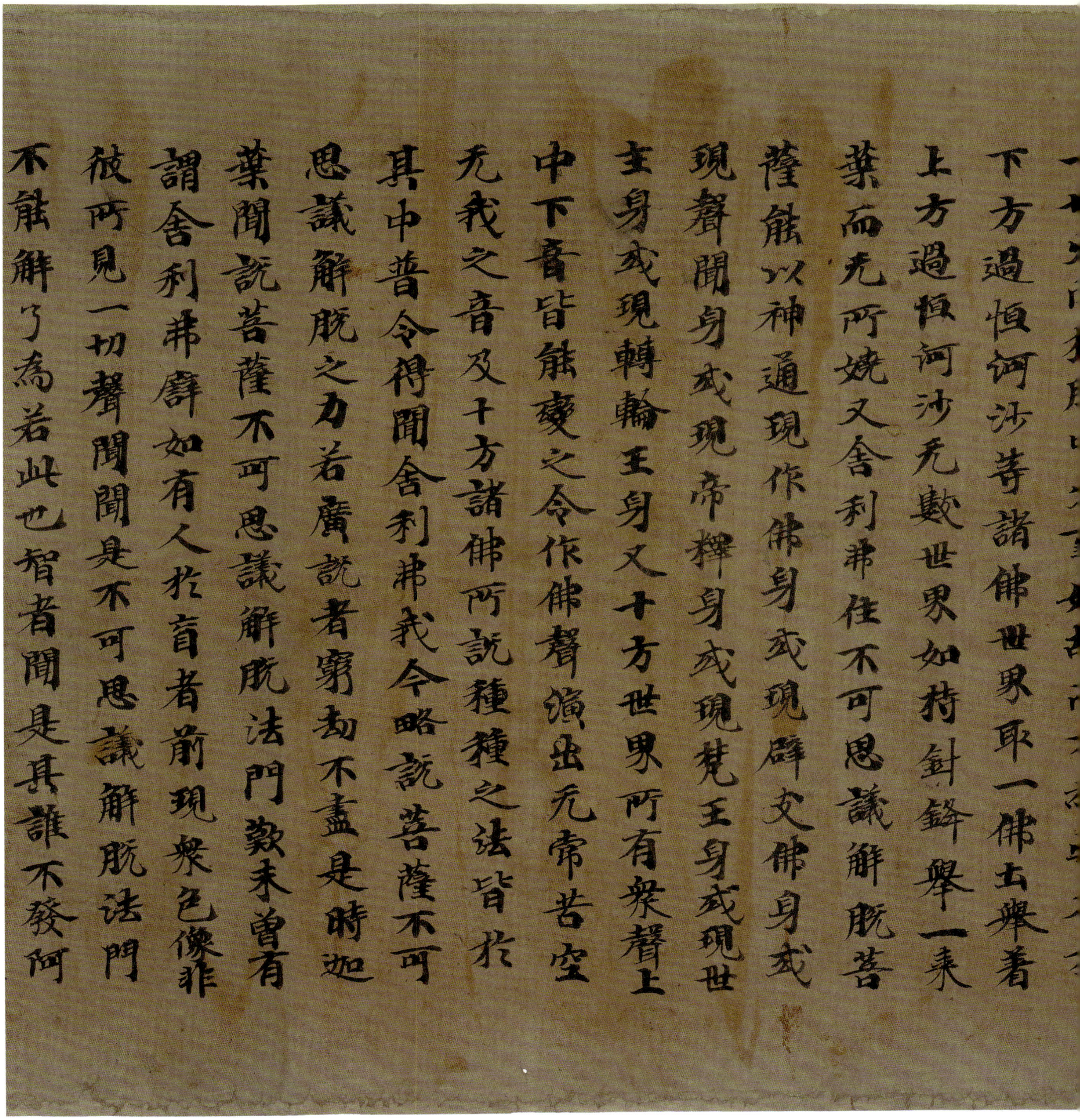

下方過恒河沙等諸佛世界取一佛土舉著
上方過恒河沙无數世界如持針鋒舉一棗
葉而无所嬈又舍利弗住不可思議解脫菩
薩能以神通現作佛身或現辟支佛身或
現聲聞身或現帝釋身或現梵王身或現世
主身或現轉輪王身又十方世界所有衆聲上
中下音皆能變之令作佛聲演出无常苦空
无我之音及十方諸佛所說種種之法皆於
其中普令得聞舍利弗我今略說菩薩不可
思議解脫之力若廣說者窮劫不盡是時迦
葉聞說菩薩不可思議解脫法門歎未曾有
謂舍利弗譬如有人於盲者前現衆色像非
彼所見一切聲聞聞是不可思議解脫法門
不能解了為若此也智者聞是其誰不發阿

BD01103　維摩詰所說經卷中

彼所見一切聲聞聞是不可思議解脫法門
不能解了爲若此也智者聞是其誰不發阿
耨多羅三藐三菩提心我等何爲永絕其根
於此大乘已如敗種一切聲聞聞是不可思議
解脫法門皆應號泣聲震三千大千世界
一切菩薩應大喜慶頂受此法若有菩薩信
解不可思議解脫門者一切魔衆无如之何
大迦葉說是語時三万二千天子皆發阿耨
多羅三藐三菩提心
尒時維摩詰語大迦葉仁者十方无量阿僧
祇世界中作魔王者多是住不可思議解脫
菩薩以方便力教化衆生現作魔王又迦葉
十方无量菩薩或有人從乞手足耳鼻頭目
髓腦血肉皮骨聚落城邑妻子奴婢象馬
車乘金銀瑠璃車𤦲馬瑙珊瑚琥珀真珠珂

貝衣服飲食如此乞者多是住不可思議解脫
菩薩以方便力而往試之令其堅固所以者何
住不可思議解脫菩薩有威德力故行逼迫
示諸衆生如是難事凡夫下劣无有力勢不
能如是逼迫菩薩譬如龍象蹴踏非驢所
堪是名住不可思議解脫菩薩智慧方便之門

觀衆生品第七

尒時文殊師利問維摩詰言菩薩云何觀於
衆生維摩詰言譬如幻師見所幻人菩薩觀
衆生為若此如智者見水中月如鏡中見其
面像如熱時焰如呼聲響如空中雲如水聚
沫如水上泡如芭蕉堅如電久住如第五大
如第六陰如第七情如十三入如十九界菩薩
觀衆生為若此如无色界色如燋穀牙如
須陁洹身見如阿那含入胎如阿羅漢三毒

觀衆生為若此如无色界色如燋穀牙如
須陁洹身見如阿那含入胎如阿羅漢三毒
如得忍菩薩貪恚毀禁如佛煩惱習如盲者
見色如入滅盡定出入息如空中鳥跡如石
女兒如化人煩惱如夢所見已悟如滅度者
受身如无烟之火菩薩觀衆生為若此
文殊師利言若菩薩作是觀者云何行慈維
摩詰言菩薩作是觀已自念我當為衆生說
如斯法是即真實慈也行寂滅慈无所生故
行不熱慈无煩惱故行等之慈等三世故行
无諍慈无所起故行不二慈內外不合故行不
壞慈畢竟盡故行堅固慈心无毀故行清淨
慈諸法性淨故行无邊慈如虛空故行阿羅
慈破結賊故行菩薩慈安衆生故行如來慈
得如相故行佛慈覺衆生故行自然慈

无因得故行菩提慈等一味故行无等慈
斷諸愛故行大悲慈導以大乘故行无猒慈
觀空无我故行法施慈无遺惜故行持戒慈
化毀禁故行忍辱慈護彼我故行精進慈荷
負衆生故行禪定慈不受味故行智慧慈无
不知時故行方便慈一切示現故行无隱慈
直心清淨故行深心慈无雜行故行无誑慈
不虛假故行安樂慈令得佛樂故菩薩之慈
爲若此也
文殊師利又問何謂爲悲荅曰菩薩所作功
德皆與一切衆生共之何謂爲喜荅曰有所
饒益歡喜无悔何謂爲捨荅曰所作福祐无
所悕望文殊師利又問生死有畏菩薩當何
所依維摩詰言菩薩於生死畏中當依如來
功德之力文殊師利又問菩薩欲依如來功

BD01103　維摩詰所説經卷中

功德之力文殊師利又問菩薩欲依如来功
德之力當於何住荅曰菩薩欲依如来功德
力者當住度脫一切衆生又問欲度衆生當
何所除荅曰欲度衆生除其煩惱又問欲除
煩惱當何所行荅曰當行正念又問云何行
於正念荅曰當行不生不滅又問何法不生
何法不滅荅曰不善不生善法不滅又問善
不善孰為本荅曰身為本又問身孰為本荅
曰欲貪為本又問欲貪孰為本荅曰虛妄分
別為本又問虛妄分別孰為本荅曰顛倒想
為本又問顛倒想孰為本荅曰无住為本又
問无住孰為本荅曰无住則无本文殊師利
從无住本立一切法
時維摩詰室有一天女見諸大人聞所說法
便現其身即以天華散諸菩薩大弟子上

至諸菩薩即皆墮落至大弟子便着不墮一
切弟子神力去華不能令去尒時天問舍利
弗何故去華荅曰此華不如法是以去之天
曰勿謂此華為不如法所以者何是華无所
分別仁者自生分別想耳若於佛法出家有
所分別為不如法若无分別是則如法觀諸
菩薩華不着者以断一切分別想故譬如人
畏時非人得其便如是弟子畏生死故色聲
香味觸得其便已離畏者一切五欲无能為也
結習未盡華着身耳結習盡者華不着也
舍利弗言天止此室其已久如荅曰我止此
室如耆年解脫舍利弗言止此久耶天曰耆
年解脫亦何如久舍利弗默然不荅天曰如
何耆舊大智而默荅曰解脫者无所言説故
吾於是不知所云天曰言説文字皆解脫相

BD01103　維摩詰所説經卷中

何耆舊大智而默答曰解脫者无所言說
吾於是不知所云天曰言說文字皆解脫相
所以者何解脫者不內不外不在兩間文字
亦不內不外不在兩間是故舍利弗无離文
字說解脫也所以者何一切諸法皆是解脫
相舍利弗言不復以離婬怒癡為解脫乎天
曰佛為增上慢人說離婬怒癡為解脫耳若
无增上慢者佛說婬怒癡性即是解脫舍
利弗言善哉善哉天女汝何所得以何為證
辯乃如是天曰无得无證故辯如是所以者
何若有得有證者則於佛法為增上慢舍
利弗問天汝於三乘為何志求天曰以聲
聞法化眾生故我為聲聞以因緣法化眾生
故我為辟支佛以大悲法化眾生故我為大乘
舍利弗如人入瞻蔔林唯嗅瞻蔔不嗅餘香

聞辟支佛功德香也舍利弗其有釋梵四天
王諸天龍鬼神等入此室者聞斯上人講說
正法皆樂佛功德之香發心而出舍利弗吾
止此室十有二年初不聞說聲聞辟支佛法
但聞菩薩大慈大悲不可思議諸佛之法舍
利弗此室常現八未曾有難得之法何等為
八此室常以金色光照晝夜无異不以日月所
照為明是為一未曾有難得之法此室入者
不為諸垢之所惱也是為二未曾有難得
之法此室常有釋梵四天王他方菩薩來會
不絶是為三未曾有難得之法此室常說六
波羅蜜不退轉法是為四未曾有難得之法
此室常作天人第一之樂絃出无量法化之聲
是為五未曾有難得之法此室有四大藏衆

BD01103　維摩詰所説經卷中

是為五未曾有難得之法此室有四大藏衆
寶積滿周窮濟之求得无盡是為六未曾
有難得之法此室釋迦牟尼佛阿弥陁佛阿
閦佛寶德寶炎寶月寶嚴難勝師子響一切
利成如是等十方无量諸佛是上人念時即
皆為來廣說諸佛秘要法藏說已還去是為
七未曾有難得之法此室一切諸天嚴飾宫
殿諸佛淨土皆於中現是為八未曾有難得
之法舍利弗此室常現八未曾有難得之法
誰有見斯不思議事而復樂於聲聞法乎
舍利弗言汝何以不轉女身天曰我從十二年
來求女人相了不可得當何所轉譬如幻師
化作幻女若有人問何以不轉女身是人為
正問不舍利弗言不也幻无定相當何所
轉[illegible]

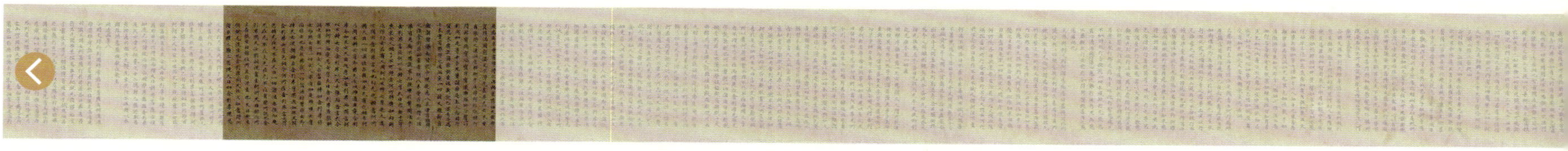

乃問不轉女身即時天女以神通力變舍利
弗令如天女天自化身如舍利弗而問言何
以不轉女身舍利弗以天女像而荅言我今
不知何轉而變為女身天曰舍利弗若能轉
此女身則一切女人亦當能轉如舍利弗非
女而現女身一切女人亦復如是雖現女身
而非女也是故佛說一切諸法非男非女即
時天女還攝神力舍利弗身還復如故天問
舍利弗女身色相今何所在舍利弗言女身
色相无在无不在天曰一切諸法亦復如是
无在无不在夫无在无不在者佛所說也舍
利弗問天汝於此沒當生何所天曰佛化所
生吾彼生曰佛化所生非沒生也天曰衆生
猶然无沒生也舍利弗問天汝久如當得阿
耨多羅三藐三菩提天曰如舍利弗還為

耨多羅三藐三菩提天曰如舍利弗還爲
凡夫我乃當成阿耨多羅三藐三菩提舍利
弗言我作凡夫无有是處天曰我得阿耨多
羅三藐三菩提亦无是處所以者何菩提无
住處是故无有得者舍利弗言諸佛得阿
耨多羅三藐三菩提已得當得如恒河沙皆
何謂乎天曰皆以世俗文字數故有三世非
謂菩提有去來今天曰舍利弗汝得阿羅漢
道耶曰无所得故而得天曰諸佛菩薩亦復
如是无所得故而得尒時維摩詰語舍利弗
是天女曾已供養九十二億佛已能遊戲菩
薩神通所願具足得无生忍住不退轉以本
願故隨意能現教化衆生

佛道品第八

尒時文殊師利問維摩詰言菩薩[illegible]何通達

何道維摩詰言若菩薩行於非道是為通達
佛道又問云何菩薩行於非道答曰若菩薩
行五无間而无惱恚至于地獄无諸罪垢至
于畜生无有无明憍慢等過至于餓鬼而具
足功德行色无色界不以為勝示行貪欲離
諸染着示行瞋恚於諸衆生无有恚礙示行
愚癡而以智慧調伏其心示行慳貪而捨內
外所有不惜身命示行毀禁而安住淨戒乃
至小罪猶懷大懼示行瞋恚而常慈忍示行
懈怠而懃脩功德示行亂意而常念定示行
愚癡而通達世間出世間慧示行諂僞而善
方便隨諸經義示行憍慢而於衆生猶如橋
梁示行諸煩惱而心常清淨示入於魔而順
佛智慧不隨他教示入聲聞而為衆生說未
聞法示入辟支佛而成就大悲教化衆生示

聞法亦入辟支佛而成就大悲教化衆生亦
入貧窮而有寶手功德无盡亦入形殘而具
諸相好以自莊嚴亦入下賤而生佛種姓中
具諸功德亦入羸劣醜陋而得那羅延身一
切衆生之所樂見亦入老病而永斷病根超越
死畏亦有資生而恒觀无常實无所貪亦
有妻妾婇女而常遠離五欲淤泥現於訥鈍
而成就辯才揔持无失亦入邪濟而以正濟
度諸衆生現遍入諸道而斷其因緣現於涅
槃而不斷生死文殊師利菩薩能如是行於
非道是為通達佛道
於是維摩詰問文殊師利何等為如來種文
殊師利言有身為種无明有愛為種貪恚癡
為種四顛倒為種五蓋為種六入為種七識
處為種八邪法為種九惱處為種十不善道

[illegible]
種曰何謂也荅曰若見无為入正位者不
能復發阿耨多羅三藐三菩提心譬如高原
陸地不生蓮華卑濕淤泥乃生此華如是見
无為法入正位者終不復能生於佛法煩惱
泥中乃有衆生起佛法耳又如殖種於空終
不得生糞壤之地乃能滋茂如是入无為正
位者不生佛法起於我見如須弥山猶能發
于阿耨多羅三藐三菩提心生佛法矣是故
當知一切煩惱為如來種譬如不入巨海不
能得无價寶珠如是不入煩惱大海則不能
生一切智寶之心
尒時大迦葉歎言善哉善哉文殊師利快說
此語誠如所言塵勞之疇為如來種我等今
者不復堪任發阿耨多羅三藐三菩提心乃

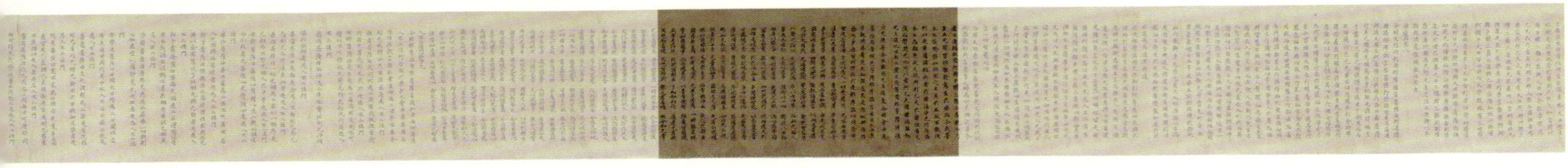

者不復堪任發阿耨多羅三藐三菩提心乃
至五无間罪猶能發意生於佛而今我等
永不能發譬如根敗之士其於五欲不能復
利如是聲聞諸結斷者於佛法中无所復益
永不志願是故文殊師利凡夫於佛法有反
復而聲聞无也所以者何凡夫聞佛法能起
无上道也不斷三寶正使聲聞終身聞佛法
力无畏等永不能發无上道意尒時會中有
菩薩名普現色身問維摩詰言居士父母妻
子親戚眷屬吏民知識悉為是誰奴婢僮僕
象馬車乘皆何所在於是維摩詰以偈答曰
智度菩薩母　方便以為父　一切衆導師　无不由是生
法喜以為妻　慈悲心為女　善心誠實男　畢竟空寂舍
弟子衆塵勞　隨意之所轉　道品善知識　由是成正覺
諸度法等侶　四攝為妓女　歌詠誦法言　以此為音樂

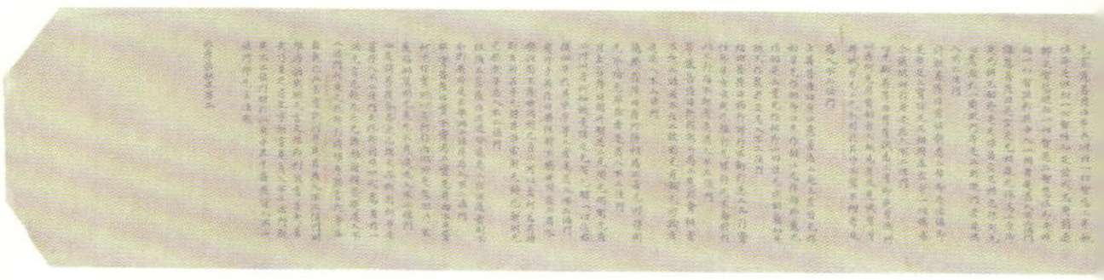

摠持之園苑　无漏法林樹　覺意淨妙華　解脫智慧果
八解之浴池　定水湛然滿　布以七淨華　浴此无垢人
象馬五通馳　大乘以為車　調御以一心　遊於八正路
相具以嚴容　衆好飾其姿　慚愧之上服　深心為華鬘
富有七財寶　教授以滋息　如所說脩行　迴向為大利
四禪為牀座　從於淨命生　多聞增智慧　以為自覺音
甘露法之食　解脫味為漿　淨心以澡浴　戒品為塗香
摧滅煩惱賊　勇健无能踰　降伏四種魔　勝幡建道場
雖知无起滅　示彼故有生　悉現諸國土　如日无不現
供養於十方　无量億如來　諸佛及己身　无有分別想
雖知諸佛國　及與衆生空　而常脩淨土　教化於群生
諸有衆生類　形聲及威儀　无畏力菩薩　一時能盡現
覺知衆魔事　而示隨其行　以善方便智　隨意皆能現
或示老病死　成就諸群生　了知如幻化　通達无有礙
或現劫盡燒　天地皆洞然　衆人有常想　照令知无常

或現劫盡燒　天地皆洞然　衆人有常想　照令知无常
无數億衆生　俱來請菩薩　一時到其舍　化令向佛道
經書禁呪術　工巧諸伎藝　盡現行此事　饒益諸群生
世間衆道法　悉於中出家　因以解人惑　而不墮邪見
或作日月天　梵王世界主　或時作地水　或復作風火
劫中有疾疫　現作諸藥草　若有服之者　除病消衆毒
劫中有饑饉　現身作飲食　先救彼饑渴　却以法語人
劫中有刀兵　爲之起慈悲　化彼諸衆生　令住无諍地
若有大戰陣　立之以等力　菩薩現威勢　降伏使和女
一切國土中　諸有地獄處　輒往到于彼　勉濟諸苦惱
一切國土中　畜生相噉食　皆現生於彼　爲之作利益
示受於五欲　亦復現行禪　令魔心憒亂　不能得其便
火中生蓮華　是可謂希有　在欲而行禪　希有亦如是
或現作婬女　引諸好色者　先以欲鉤牽　後令入佛智

諸有貧窮者　現為无盡藏　因以勸導之　令發菩提心
我心憍慢者　為現大力士　消伏諸貢高　令住佛上道
其有恐懼者　居前而安慰　先施以无畏　後令發道心
或現離婬欲　為五通仙人　開導諸群生　令住戒忍慈
見須供事者　現為作僮僕　既悅可其意　乃發以道心
隨彼之所須　得入於佛道　以善方便力　皆能給足之
如是道无量　所行无有崖　智慧无邊際　度脫无數衆
假令一切佛　於无數億劫　讚歎其功德　猶尚不能盡
誰聞如是法　不發菩提心　除彼不肖人　癡冥无智者

入不二法門品第九

尒時維摩詰謂衆菩薩言諸仁者云何菩薩入不二法門各隨所樂說之會中有菩薩名法自在說言諸仁者生滅為二法本不生今則无滅得此无生法忍是為入不二法門德首菩薩曰我我所為二因有我故便有我

德首菩薩曰我我所為二因有我故便有我
所若无有我則无我所是為入不二法門
不眴菩薩曰受不受為二若法不受則不可
得以不可得故无取无捨无作无行是為入
不二法門
德頂菩薩曰垢淨為二見垢實性則无淨相
順於滅相是為入不二法門
善宿菩薩曰是動是念為二不動則无念无
念則无分別通達此者是為入不二法門
善眼菩薩曰一相无相為二若知一相即是
无相亦不取无相入於平等是為入不二法門
妙臂菩薩曰菩薩心聲聞心為二觀心相空
如幻化者无菩薩心无聲聞心是為入不二
法門

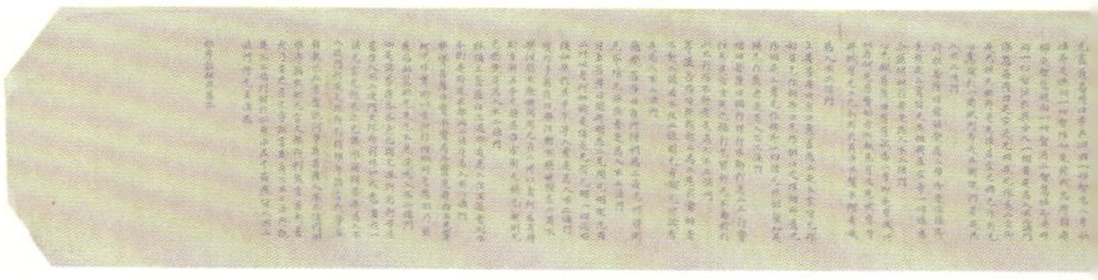

入无相際而通達者是為入不二法門
師子菩薩曰罪福為二若達罪性則與福无
異以金剛慧決了此相无縛无解者是為入
不二法門
師子意菩薩曰有漏无漏為二若得諸法等
則不起漏不漏想不著於相亦不住无相是
為入不二法門
淨解菩薩曰有為无為為二若離一切數則
心如虛空以清淨慧无所礙者是為入不二法
門
那羅延菩薩曰世間出世間為二世間性空
即是出世間於其中不入不出不溢不散是
為入不二法門
善意菩薩曰生死涅槃為二若見生死性

善意菩薩曰生死涅槃為二若見生死性
則无生死无縛无解不然不滅如是解者是
為入不二法門
現見菩薩曰盡不盡為二法若究竟盡若不
盡皆是无盡相无盡相即是空空則无有盡
不盡相如是入者是為入不二法門
普首菩薩曰我无我為二我尚不可得非我
何可得見我實性者不復起二是為入不二法門
電天菩薩曰明无明為二无明實性即是明明
亦不可取離一切數於其中平等无二者是為
入不二法門
喜見菩薩曰色色空為二色即是空非色滅
空色性自空如是受想行識識空為二識即
是空非識滅空識性自空於其中而通達者
是為入不二法門

明相菩薩曰四種異空種異為二四種性即
是空種性如前際後際空故中際亦空若
能如是知諸種性者是為入不二法門
妙意菩薩曰眼色為二若知眼性於色不
貪不恚不癡是名寂滅如是耳聲鼻香
舌味身觸意法為二若知意性於法不貪不
恚不癡是名寂滅安住其中是為入不二法門
无盡意菩薩曰布施迴向一切智為二布施
性即是迴向一切智性如是持戒忍辱精進
禪定智慧迴向一切智為二智慧性即是迴
向一切智性於其中入一相者是為入不二法門
深慧菩薩曰是空是无相是无作為二空即
是无相无相即是无作若空无相无作則无
心意識於一解脫門即是三解脫門者是為
入不二法門

入不二法門
寂根菩薩曰佛法衆為二佛即是法法即
是衆是三寶皆无為相與虛空等一切法亦
尒能隨此行者是為入不二法門
心无礙菩薩曰身身滅為二身即是身滅所
以者何見身實相者不起見身及見滅身身
與滅身无二无分別於其中不驚不懼者是
為入不二法門
上善菩薩曰身口意善為二是三業皆无作
相身无作相即口无作相口无作相即意无
作相是三業无作相即一切法无作相能如是
隨无作慧者是為入不二法門
福田菩薩曰福行罪行不動行為二三行實
性即是空空則无福行无罪行无不動行於
[illegible]

華嚴菩薩曰從我起二為二見我實相者
不起二法若不住二法則无有識无所識者
是為入不二法門
德藏菩薩曰有所得相為二若无所得則
无取捨无取捨者是為入不二法門
月上菩薩曰闇與明為二无闇无明則无有
二所以者何如滅受想定无闇无明一切法亦
復如是於其中平等入者是為入不二法門
寶印手菩薩曰樂涅槃不樂世間為二若不
樂涅槃不厭世間則无有二所以者何若有縛
則有解若本无縛其誰求解无縛无解則无
无樂厭是為入不二法門
珠頂王菩薩曰正道耶道為二住正道者則不
分別是耶是正離此二法是為入不二法門
樂實菩薩曰實不實為二實見者尚不見實

樂實菩薩曰實不實為二實見者尚不見實
何况非實所以者何非肉眼所見慧眼乃能
見而此慧眼无見无不見是為入不二法門
如是諸菩薩各各說已問文殊師利何等是
菩薩入不二法門文殊師利曰如我意者於一
切法无言无說无示无識離諸問荅是為入不
二法門於是文殊師利問維摩詰言我等各
自說已仁者當說何等是菩薩入不二法門時
維摩詰默然无言文殊師利歎言善哉善
哉乃至无有文字語言是真入不二法門說
是不二法門時於此衆中五千菩薩皆入不二
法門得无生法忍

維摩詰經卷第二

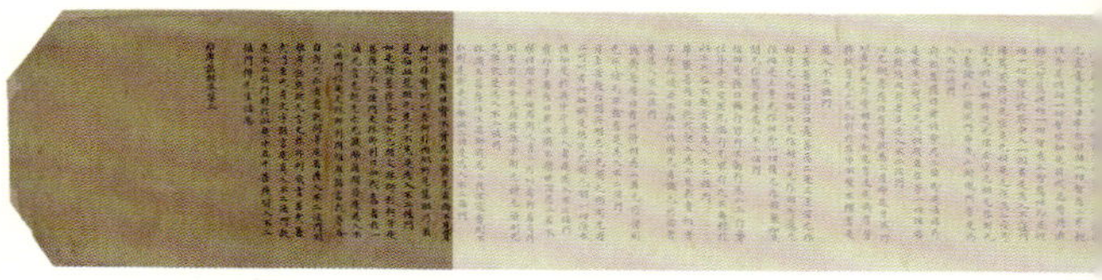

BD01104 金剛般若波羅蜜經

（後秦）鳩摩羅什 譯

260cm × 25.5cm

[illegible][illegible]其處
[illegible]次[illegible][illegible]子善女人受持讀誦此[illegible]
為人輕賤是人先世罪業應墮惡道以今
世人輕賤故先世罪業則為消滅當得阿耨
多羅三藐三菩提須菩提我念過去無量[illegible]
僧祇劫於然燈佛前得值八百四千万億[illegible]
由他諸佛悉皆供養承事无空過者若復[illegible]
人於後末世能受持讀誦此經所得功德於
我所供養諸佛功德百分不及一千万億分
乃至筭數譬喻所不能及須菩提若善男子
善女人於後末世有受持讀誦此經所得功
德我若具說者或有人聞心則狂亂狐疑不
信須菩提當知是經義不可思議果報亦不
可思議

尒時須菩提白佛言世尊善男子善女人發
阿耨多羅三藐三菩提心云何應住云何降
伏其心佛告須菩提善男子善女人發阿耨
多羅三藐三菩提者當生如是心我應滅度
一切衆生滅度一切衆生已而无有一衆生
實滅度者何以故若菩薩有我相人相衆生
相壽者相則非菩薩所以者何須菩提實无
有法發阿耨多羅三藐三菩提者須菩提於
意云何如來於然燈佛所有法得阿耨多羅
三藐三菩提不不也世尊如我解佛所說義佛
於然燈佛所无有法得阿耨多羅三藐三菩
提佛言如是如是須菩提實无有法如來得阿
耨多羅三藐三菩提須菩提若有法如來得
阿耨多羅三藐三菩提者然燈佛則不與我授
記汝於來世當得作佛号釋迦牟尼以實无

阿耨多羅三藐三菩提然燈佛則不與我授
記汝於來世當得作佛号釋迦牟尼以實无
有法得阿耨多羅三藐三菩提是故然燈佛
與我受記作如是言汝於來世當得作佛号
釋迦牟尼何以故如來者即諸法如義若有
人言如來得阿耨多羅三藐三菩提須菩提
實无有法佛得阿耨多羅三藐三菩提須菩
提如來所得阿耨多羅三藐三菩提於是中
无實无虛是故如來說一切法皆是佛法須
菩提所言一切法者即非一切法是故名一
切法須菩提譬如人身長大須菩提言世尊
如來說人身長大則為非大身是名大身須
菩提菩薩亦如是若作是言我當滅度无量
衆生則不名菩薩何以故須菩提實无有法名
為菩薩是故佛說一切法无我无人无衆生无

壽者須菩提若菩薩作是言我當莊嚴佛
土是不名菩薩何以故如來說莊嚴佛土者
即非莊嚴是名莊嚴須菩提若菩薩通達
无我者如來說名真是菩薩
須菩提於意云何如來有肉眼不如是世尊
如來有肉眼須菩提於意云何如來有天眼
不如是世尊如來有天眼須菩提於意云何
如來有慧眼不如是世尊如來有慧眼須菩
提於意云何如來有法眼不如是世尊如來
有法眼須菩提於意云何如來有佛眼不如
是世尊如來有佛眼須菩提於意云何如恒
河中所有沙佛說是沙不如是世尊如來說是
沙須菩提於意云何如一恒河中所有沙有
如是等恒河是諸恒河所有沙數佛世界如
是寧為多不甚多世尊佛告須菩提尒所國

如是等恒河是諸恒河所有沙數佛世界如
是寧為多不甚多世尊佛告須菩提尒所國
土中所有衆生若干種心如來悉知何以故
如來說諸心皆為非心是名為心所以者何
須菩提過去心不可得現在心不可得未來
心不可得須菩提於意云何若有人滿三千
大千世界七寶以用布施是人以是因緣得福
多不如是世尊此人以是因緣得福甚多須
菩提若福德有實如來不說得福德多以
福德无故如來說得福德多
須菩提於意云何佛可以具足色身見不不
也世尊如來不應以色身見何以故如來說
具足色身即非具足色身是名具足色身
須菩提於意云何如來可以具足
不也世尊如來不應以具足諸相見可以故如

來說諸相具足即非具足是名諸相具足
菩提汝勿謂如來作是念我當有所說法莫
作是念何以故若人言如來有所說法即爲
謗佛不能解我所說故須菩提說法者无
法可說是名說法須菩提白佛言世尊佛得
阿耨多羅三藐三菩提爲无所得耶如是如
是須菩提我於阿耨多羅三藐三菩提乃至
无有少法可得是名阿耨多羅三藐三菩提
復次須菩提是法平等无有高下是名阿耨
多羅三藐三菩提以无我无人无衆生无壽
者脩一切善法則得阿耨多羅三藐三菩提
須菩提所言善法者如來說非善法是名善
法須菩提若三千大千世界中所有諸須彌
山王如是等七寶聚有人持用布施若人以
此般若波羅蜜經乃至四句偈等受持讀誦

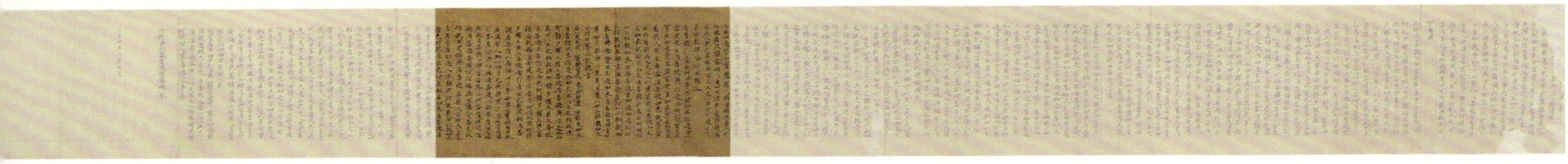

山王如是等七寶聚有人持用布施若人以
此般若波羅蜜經乃至四句偈等受持讀誦
爲他人説於前福德百分不及一百千万億分乃
至筭數譬喻所不能及
須菩提於意云何汝等勿謂如來作是念我
當度衆生須菩提莫作是念何以故實无有
衆生如來度者若有衆生如來度者如來則
有我人衆生壽者須菩提如來説有我者
則非有我而凡夫之人以爲有我須菩提凡夫
者如來説則非凡夫須菩提於意云何可以
卅二相觀如來不須菩提言如是如是以卅
二相觀如來佛言須菩提若以卅二相觀如
來者轉輪聖王則是如來須菩提白佛言世
尊如我解佛所説義不應以卅二相觀如來
尒時世尊而説偈言

若以色見我　以音聲求我　是人行邪道　不能見如來
須菩提汝若作是念如來不以具足相故得
阿耨多羅三藐三菩提須菩提莫作是念如
來不以具足相故得阿耨多羅三藐三菩提
須菩提汝若作是念發阿耨多羅三藐三菩
提者説諸法斷滅莫作是念何以故發阿耨
多羅三藐三菩提者於法不説斷滅相須菩
提若菩薩以滿恒河沙等世界七寶持用布施
若復有人知一切法无我得成於忍此菩薩勝
前菩薩所得功德須菩提以諸菩薩不受福
德故須菩提白佛言世尊云何菩薩不受福
德須菩提菩薩所作福德不應貪著是故
佛説不受福德須菩提若有人言如來若來
若去若坐若卧是人不解我所説義何以故如來
者无所從來亦无所去故名如來須菩提若

者无所從來亦无所去故名如來須菩提若
善男子善女人以三千大千世界碎為微塵
於意云何是微塵衆寧為多不甚多世尊何
以故若是微塵衆實有者佛則不說是微塵
衆所以者何佛說微塵衆則非微塵衆是名
微塵衆世尊如來所說三千大千世界則非
世界是名世界何以故若世界實有者則是一
合相如來說一合相則非一合相是名一合相
相須菩提一合相者則是不可說但凡夫之
人貪著其事須菩提若人言佛說我見人見
衆生見壽者見須菩提於意云何是人解
我所說義不不也世尊是人不解如來所說義
何以故世尊說我見人見衆生見壽者見即非我
見人見衆生見壽者見是名我見人見衆生

見壽者見須菩提發阿耨多羅三藐三菩提
心者於一切法應如是知如是見如是信解
不生法相須菩提所言法相者如來說即非法
相是名法相須菩提若有人以滿无量阿僧
祇世界七寶持用布施若有善男子善女
人發菩薩心者持於此經乃至四句偈等受持
讀誦為人演說其福勝彼云何為人演說不
取於相如如不動何以故
一切有為法　如夢幻泡影　如露亦如電　應作如是觀
佛說是經已長老須菩提及諸比丘比丘尼
優婆塞優婆夷一切世間天人阿脩羅聞佛
所說皆大歡喜信受奉行

佛說金剛般若波羅蜜經一卷

BD01104　金剛般若波羅蜜經

佛說金剛般若波羅蜜經一卷

清信佛弟子盧師道

BD01104　金剛般若波羅蜜經

BD01105

觀世音經

（後秦）鳩摩羅什 譯

112.9cm × 24.5cm

說法應以大自
身得度者即現大自在天身而為說法應
天大將軍身得度者即現天大將軍身而
說法應以毗沙門身得度者即現毗沙門身
而為說法應以小王身得度者即現小王身
而為說法應以長者身得度者即現長者身
而為說法應以居士身得度者即現居士身
而為說法應以宰官身得度者即現宰官身
而為說法應以婆羅門身得度者即現婆羅
門身而為說法應以比丘比丘尼優婆塞優
婆夷身得度者即現比丘比丘尼優婆塞優
婆夷身而為說法應以長者居士宰官婆羅
門婦女身得度者即現婦女身而為說法應
以童男童女身得度者即現童男童女身而
為說法應以天龍夜叉乾闥婆阿脩羅迦樓

緊那羅摩睺羅伽人非人等身得度者即
皆現之而為說法應以執金剛神得度者即
現執金剛神而為說法无盡意是觀世音菩
薩成就如是功德以種種形遊諸國土度脫眾
生是故汝等應當一心供養觀世音菩薩是
觀世音菩薩摩訶薩於怖畏急難之中能施
无畏是故此娑婆世界皆號之為施无畏者
无盡意菩薩白佛言世尊我今當供養觀世
音菩薩即解頸眾寶珠瓔珞價直百千兩金
而以與之作是言仁者受此法施珎寶瓔珞
時觀世音菩薩不肯受之无盡意復白觀世
音菩薩言仁者愍我等故受此瓔珞尒時佛
告觀世音菩薩當愍此无盡意菩薩及四眾
天龍夜叉乾闥婆阿脩羅迦樓羅緊那羅摩
睺羅伽人非人等故受是瓔珞即時觀世音

BD01105　觀世音經

睺羅伽人非人等故受是瓔珞即時觀世音
菩薩愍諸四衆及於天龍人非人等受其瓔
珞分作二分一分奉釋迦牟尼佛一分奉多
寶佛塔无盡意觀世音菩薩有如是自在神
力遊於娑婆世界尒時無盡意菩薩以偈問
曰
世尊妙相具　我今重問彼　佛子何因緣　名爲觀世音
具足妙相尊　偈荅无盡意　汝聽觀音行　善應諸方所
弘誓深如海　歷劫不思議　侍多千億佛　發大清淨願
我爲汝略說　聞名及見身　心念不空過　能滅諸有苦
假使興害意　推落大火坑　念彼觀音力　火坑變成池
或漂流巨海　龍魚諸鬼難　念彼觀音力　波浪不能沒
或在須弥峯　爲人所推墮　念彼觀音力　如日虛空住
或被惡人逐　墮落金剛山　念彼觀音力　不能損一毛
或值怨賊遶　各執刀加害　念彼觀音力　咸即起慈心

或遭王難苦　臨刑欲壽終　念彼觀音力　刀尋段段壞
或囚禁枷鎖　手足被杻械　念彼觀音力　釋然得解脫
呪詛諸毒藥　所欲害身者　念彼觀音力　還著於本人
或遇惡羅剎　毒龍諸鬼等　念彼觀音力　時悉不敢害
若惡獸圍遶　利牙爪可怖　念彼觀音力　疾走无邊方
蚖蛇及蝮蝎　氣毒烟火燃　念彼觀音力　尋聲自迴去
雲雷鼓掣電　降雹澍大雨　念彼觀音力　應時得消散
衆生被困厄　无量苦逼身　觀音妙智力　能救世間苦
具足神通力　廣修智方便　十方諸國土　无剎不現身
種種諸惡趣　地獄鬼畜生　生老病死苦　以漸悉令滅
真觀清淨觀　廣大智慧觀　悲觀及慈觀　常願常瞻仰
無垢清淨光　慧日破諸闇　能伏災風火　普明照世間
悲體戒雷震　慈音妙大雲　澍甘露法雨　滅除煩惱焰
諍訟經官處　怖畏軍陣中　念彼觀音力　衆怨悉退散
妙音觀世音　梵音海潮音　勝彼世間音　是故須常念

BD01105　觀世音經

妙音觀世音　梵音海潮音　勝彼世間音　是故須常念
念念勿生疑　觀世音淨聖　於苦惱死厄　能為作依怙
具一切功德　慈眼視衆生　福聚海无量　是故應頂礼
尒時持地菩薩即從座起前白佛言世尊若
有衆生聞是觀世音菩薩品自在之業普門
示現神通力者當知是人功德不少佛說是
普門品時衆中八万四千衆生皆發无等等
阿耨多羅三藐三菩提心

觀音經一卷

BD01106

四分律比丘戒本

（後秦）佛陀耶舍 譯

（唐）懷素 集

66cm × 27cm

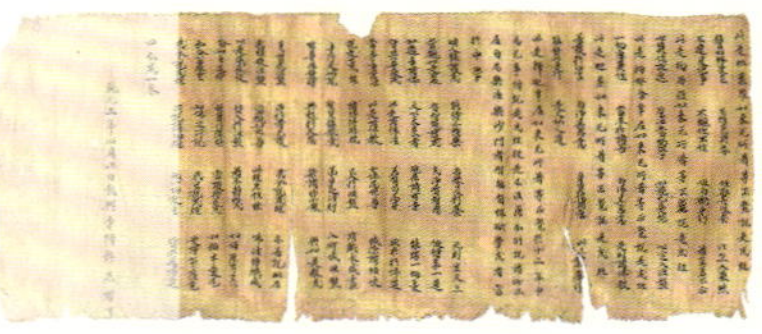

此是毗葉羅如来无所着等正覺說是戒經
譬如蜂采花 不壞色與香 但取其味去 比丘入衆然
不違戾他事 不觀作不作 但自觀身行 若正若不正
此是拘留孫如来无所着等正覺說是戒經
心莫作放逸 聖法當勤學 如是无憂愁 心定入涅槃
此是拘那含牟尼如来无所着等正覺說是戒經
一切惡莫作 當奉行諸善 自淨其志意 是則諸佛教
此是迦葉如来无所着等正覺說是戒經
善護於口言 自淨其志意 身莫作諸惡 此三業道淨
能得如是行 是大仙人道
此是釋迦牟尼如来无所着等正覺於十二年中
為无事僧說是戒經從是已後廣分別說諸比丘
尼自為樂法樂沙門者有慚有愧欲學戒者當
於中學

明人能護戒　能得三種樂　名譽及利養　死得生天上
當觀如是處　有智勤護戒　戒淨有智慧　便得第一道
如過去諸佛　及以未來者　現在諸世尊　能勝一切憂
皆共尊敬戒　此是諸佛法　若有自為身　欲求於佛道
當尊重正法　此是諸佛教　七佛為世尊　滅除諸結使
說是七戒經　諸縛得解脫　已入於涅盤　諸戲永滅盡
尊行大仙說　聖賢稱譽戒　弟子之所行　入寂滅涅盤
世尊涅盤時　興起於大悲　集諸比丘眾　與如是教戒
莫謂我涅盤　淨行者无護　我今說戒經　亦善說毗尼
我雖般涅盤　當視如世尊　此經久住世　佛法得熾盛
以是熾盛故　得入於涅盤　若不持此戒　如所應布薩
喻如日沒時　世界皆闇冥　當護持是戒　如猶牛愛尾
和合一處坐　如佛之所說　我已說戒經　衆僧布薩竟
我今說戒經　所說諸功德

和合一處坐　如佛之所説　我已説戒經　衆僧布薩竟

我今説戒經　所説諸功德　施一切衆生　皆共成佛道

四分戒一卷

乾元二年四月廿日龍興寺僧靜深寫了

BD01107 四分比丘尼戒本

（後秦）佛陀耶舍 譯

（唐）懷素 集

68cm × 27cm

是中
諸大姉是中清淨嘿然故是事如是持
諸大姉是卅尼薩耆波逸提法半月半月戒經中說
若比丘尼衣已竟迦絺那衣已捨畜長衣經十日不淨
得持若過尼薩耆波逸提
若比丘尼衣已竟迦絺那衣已捨五衣中若離一一衣異處宿
經一夜除僧羯磨尼薩耆波逸提
若比丘尼衣已竟迦絺那衣已捨若得非時衣欲須便受
受已疾疾成衣若足者善若不足者得畜一月為滿足故
若過畜者尼薩耆波逸提
若比丘尼從非親理居士居士婦乞衣除餘時尼薩耆波逸提
是中時者若奪衣失衣燒衣漂衣是名時

若比丘尼奪衣失衣燒衣漂衣從非親里居士若居士
婦自恣請多與衣是比丘尼當知足受衣若過尼薩耆波逸提
若居士居士婦為比丘尼辦衣價具如是衣價與某
甲比丘尼是比丘尼先不受自恣請到居士家如是說
善哉居士為我辦如是如是衣價與我為好故若得
衣者尼薩耆波逸提
若二居士居士婦與比丘尼辦衣價我曹辦如是衣價
與某甲比丘尼是比丘尼先不受自恣請到二居士家
作如是言善哉居士辦如是如是衣價與我共作一衣
為好故若得衣尼薩耆波逸提
若比丘尼若王若大臣若婆羅門若居士居士婦遣使
為比丘尼送衣價持如是衣價與某甲比丘尼彼使至比

為比丘尼送衣價持如是衣價與某甲比丘尼彼使至比
丘尼所語言阿姨為汝送衣價受取是
比丘尼語彼使如是言我不應受此衣價我若
須衣合時清淨當受彼使語比丘尼言阿姨有執事人
不須衣比丘尼言有若僧伽藍民若優婆塞此是比丘
尼執事人常為比丘尼執事彼使至執事人所與衣價已還
到比丘尼所如是言阿姨所示某甲執事人我已與衣價
大姊知時彼往當得衣比丘尼若須衣者當往彼執事人
所二反三反語言我須衣若二反三反為作憶念得衣者
善若不得衣四反五反六反在前嘿然住令彼憶念若四反
五反六反在前嘿然住得衣者善若不得衣過是求得

BD01108 金剛般若波羅蜜經

（後秦）鳩摩羅什 譯

197cm × 26cm

尊我若作是念我得阿羅漢道世尊則不説
須菩提是樂阿蘭那行者以須菩提實无
所行而名須菩提是樂阿蘭那行
佛告須菩提於意云何如来昔在然燈佛所
於法有所得不世尊如来在然燈佛所於法
實无所得
須菩提於意云何菩薩莊嚴佛土不不也世
尊何以故莊嚴佛土者則非莊嚴是名莊嚴
是故須菩提諸菩薩摩訶薩應如是生清
淨心不應住色生心不應住聲香味觸法生
心應无所住而生其心
須菩提譬如有人身如須彌山王於意云何
是身爲大不須菩提言甚大世尊何以故佛

說非身是名大身
須菩提如恒河中所有沙數有如是沙等恒
河扵意云何是諸恒河沙寧為多不須菩提
言甚多世尊但諸恒河尚多无數何況其沙
須菩提我今實言告汝若有善男子善女人
以七寶滿尒所恒河沙數三千大千世界以用
布施得福多不須菩提言甚多世尊佛告
須菩提若善男子善女人扵此經中乃至受
持四句偈等為他人說而此福德勝前福德
復次須菩提隨說是經乃至四句偈等當知
此處一切世間天人阿脩羅皆應供養如佛
塔廟何況有人盡能受持讀誦須菩提當知
是人成就最上第一希有之法若是經典所在
之處則為有佛若尊重弟子尒時須菩提

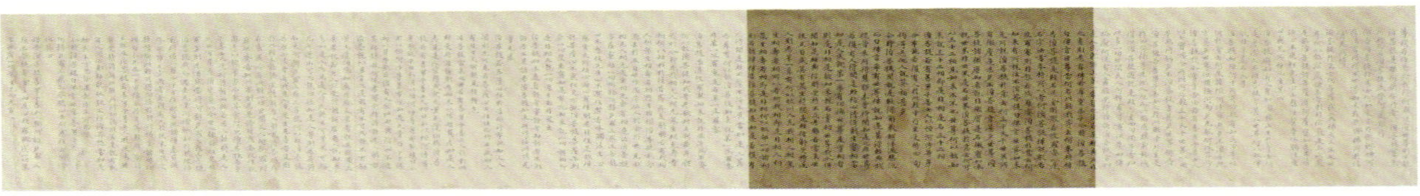

是人成就最上第一希有之法若是經典所在
之處則為有佛若尊重弟子尒時須菩提
白佛言世尊當何名此經我等云何奉持佛
告須菩提是經名為金剛般若波羅蜜以是
名字汝當奉持所以者何須菩提佛說般若
波羅蜜則非般若波羅蜜須菩提於意云何
如來有所說法不須菩提白佛言世尊如來
无所說須菩提於意云何三千大千世界所
有微塵是為多不須菩提言甚多世尊須
菩提諸微塵如來說非微塵是名微塵如來
說世界非世界是名世界須菩提於意云何可
以三十二相見如來不不也世尊何以故如
來說三十二相即是非相是名三十二相
須菩提若有善男子善女人以恒河沙等身

命布施若復有人於此經中乃至受持四句
偈等為他人說其福甚多
尒時須菩提聞說是經深解義趣涕淚悲泣
而白佛言希有世尊佛說如是甚深經典我
從昔来所得慧眼未曾得聞如是之經世尊
若復有人得聞是經信心清淨則生實相當
知是人成就第一希有功德世尊是實相者
則是非相是故如来說名實相世尊我今得
聞如是經典信解受持不足為難若當来世
後五百歲其有衆生得聞是經信解受持是
人則為第一希有何以故此人无我相人相衆
生相壽者相所以者何我相即是非相人相
衆生相壽者相即是非相何以故離一切諸相
則名諸佛佛告須菩提如是如是若復有

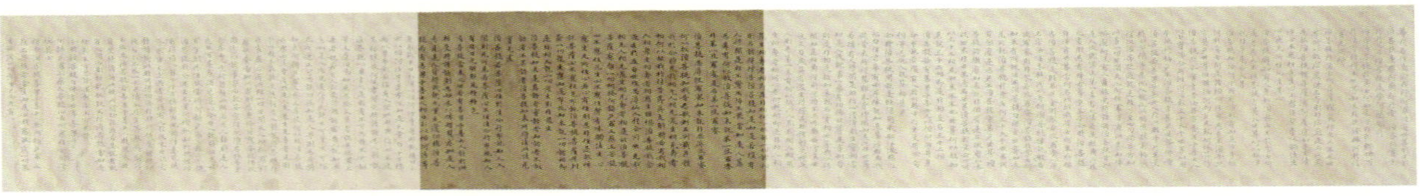

衆生相壽者相即是非相何以故離一切諸相
則名諸佛佛告須菩提如是如是若復有
人得聞是經不驚不怖不畏當知是人甚
為希有何以故須菩提如來說第一波羅蜜
非第一波羅蜜是名第一波羅蜜
須菩提忍辱波羅蜜如來說非忍辱波羅蜜
何以故須菩提如我昔為歌利王割截身體
我於尒時无我相无人相无衆生相无壽者
相何以故我於往昔節節支解時若有我相
人相衆生相壽者相應生瞋恨須菩提我念
過去於五百世作忍辱仙人於尒所世无我
相无人相无衆生相无壽者相是故須菩提
菩薩應離一切相發阿耨多羅三藐三菩提
心不應住色生心不應住聲香味觸法生心

應生无所住心若心有住則為非住是故佛
說菩薩心不應住色布施須菩提菩薩為利
益一切衆生應如是布施如來說一切諸相即
是非相又說一切衆生則非衆生
須菩提如來是真語者實語者如語者不誑
語者不異語者須菩提如來所得法此法无
實无虛
須菩提若菩薩心住於法而行布施如人入
闇則无所見若菩薩心不住法而行布施如人
有目日光明照見種種色
須菩提當來之世若有善男子善女人能於此
經受持讀誦則為如來以佛智慧悉知是人
悉見是人皆得成就无量无邊功德須菩
提若有善男子善女人初日分以恒河沙等

悉見是人皆得成就无量无邊功德須菩
提若有善男子善女人初日分以恒河沙等
身布施中日分復以恒河沙等身布施後日分
亦以恒河沙等身布施如是无量百千万億
劫以身布施若復有人聞此經典信心不逆
其福勝彼何況書寫受持讀誦為人解說
須菩提以要言之是經有不可思議不可稱
量无邊功德如來為發大乘者說為發最上
乘者說若有人能受持讀誦廣為人說如來
悉知是人悉見是人皆成就不可量不可稱
无有邊不可思議功德如是人等則為荷擔
如來阿耨多羅三藐三菩提何以故須菩提
若樂小法者著我見人見衆生見壽者見則
於此經不能聽受讀誦為人解說須菩提在

在處若有此經一切世間天人阿修羅所
應供養當知此處則為是塔皆應恭敬作礼
圍遶以諸華香而散其處復次須菩提善男
子善女人受持讀誦此經若為人輕賤是人
先世罪業應墮惡道以今世人輕賤故先世
罪業則為消滅當得阿耨多羅三藐三菩提
須菩提我念過去无量阿僧祇劫於然燈佛
前得值八百四千万億那由他諸佛悉皆供
養承事无空過者若復有人於後末世能受
持讀誦此經所得功德於我所供養諸佛功
德百分不及一千万億分乃至筭數譬喻所
不能及須菩提若善男子善女人於後末世
有受持讀誦此經所得功德我若具說者或
有人聞心則狂亂狐疑不信須菩提當知是

有人聞心則狂亂狐疑不信須菩提當知是
經義不可思議果報亦不可思議
尒時須菩提白佛言世尊善男子[illegible]
阿耨多羅三藐三菩提心云何應住云何降
伏其心
佛告須菩提善男子善女人發阿耨多羅三
藐三菩提者當生如是心我應滅度一切衆
生滅度一切衆生已而无有

圖書在版編目（CIP）數據

中國國家圖書館藏敦煌文獻．第七四册／中國國家圖書館編．—北京：國家圖書館出版社，2024.12

ISBN 978-7-5013-7996-5

Ⅰ．①中… Ⅱ．①中… Ⅲ．①敦煌學－文獻 Ⅳ．① K870.6

中國國家版本館 CIP 數據核字（2024）第 036785 號

書　　名	中國國家圖書館藏敦煌文獻・第七四册
著　　者	中國國家圖書館　編
項目統籌	魏　崇　殷夢霞
責任編輯	黄　鑫　程魯潔　潘　竹　苗文葉
責任校對	劉　倩
出版發行	國家圖書館出版社（北京市西城區文津街 7 號　100034） （原書目文獻出版社　北京圖書館出版社） 010-66114536　63802249　nlcpress@nlc.cn（郵購）
網　　址	http://www.nlcpress.com
排版印裝	天津裕同印刷有限公司
版次印次	2024 年 12 月第 1 版　2024 年 12 月第 1 次印刷
開　　本	787 × 1092　1/8
印　　張	40
書　　號	ISBN 978-7-5013-7996-5
定　　價	2800.00 圓